Gustav Knod

Aus der Bibliothek des Beatus Rhenanus

Ein Beitrag zur Geschichte des Humanismus

Gustav Knod

Aus der Bibliothek des Beatus Rhenanus
Ein Beitrag zur Geschichte des Humanismus

ISBN/EAN: 9783743625396

Hergestellt in Europa, USA, Kanada, Australien, Japan

Cover: Foto ©Thomas Meinert / pixelio.de

Manufactured and distributed by brebook publishing software
(www.brebook.com)

Gustav Knod

Aus der Bibliothek des Beatus Rhenanus

Aus der

Bibliothek des Beatus Rhenanus.

Ein Beitrag

zur

Geschichte des Humanismus

von

Dr. Gustav C. Knod,

Oberlehrer am Gymnasium.

Schlettstadt 1889.

Vorwort.

en wichtigsten und zugleich interessantesten Teil der Schlettstadter Stadtbibliothek bildet ohne Zweifel die Büchersammlung des Beatus Rhenanus. Mit seines Namens unvergänglichem Ruhme zugleich hat Schlettstadts grösster Sohn seiner Vaterstadt das Kostbarste hinterlassen von allem, was er im Leben sein eigen nannte: seine Bibliothek. Sie darf in gewissem Sinne als ein Unicum gelten, dem selbst die berühmte Vadiana in St. Gallen nicht zur Seite gestellt werden kann. Unberührt von dem Sturme der Zeiten, in ihrem Besitze nur durch den Unverstand der eigenen Verwalter geschädigt, hat sich hier in der vielbedrängten deutschen Westmark die Bibliothek eines der hervorragendsten Gelehrten der deutschen Renaissance durch eine ungewöhnliche Gunst des Schicksals in wunderbarer Vollständigkeit als einheitliches Ganze bis auf unsere Tage erhalten, während die grosse Menge der in jener geistig so angeregten Zeit entstandenen Büchersammlungen längst in Schutt und Trümmern auf ewig verschwunden ist.

Jahrhunderte lang von mystischem Dunkel umhüllt, kaum genannt, noch weniger gekannt, war sie in unseren Tagen fast zur Sage geworden, bis der auch sonst um die Rhenanus-Forschung verdiente Horawitz in einem kleinen Schriftchen zuerst auf das schlafende Dornröschen hinwies [1]. Sein „Bericht" spiegelt allerdings

---

[1] Die Bibliothek und Korrespondenz des Beatus Rhenanus zu Schlettstadt. Ein Bericht von Adalbert Horawitz. Wien 1874. — 4 Seiten sind davon der Bibliothek, über 19 dem Briefwechsel gewidmet. Letzterer ist inzwischen von demselben Verfasser im Verein mit Dr. Karl Hartfelder in Heidelberg herausgegeben worden, eine höchst dankenswerte Sammlung, die nicht weniger als 447 Briefe von und an

nur den ersten oberflächlichen Eindruck wieder: das Wichtigste ist übersehen, minder Bedeutsames mit Nachdruck betont, manchmal auch gradezu Unrichtiges eingestreut; auch lässt sich bei genauerem Zusehen leicht erkennen, dass seine Citate weniger auf Autopsie als auf den ungenauen Angaben des durchaus unzuverlässigen französischen Kataloges beruhen.

Mit der in diesen Tagen vollzogenen Uebersiedlung der Stadtbibliothek in das neue Bibliotheksgebäude beginnt auch für die Bibliotheca Rhenana ein neuer Abschnitt ihrer Geschichte. Was frühere Jahrhunderte an ihr gesündigt, hat eine humanere Zeit gesühnt. Verwahrlost und vergessen, in gänzlich unzulänglichen Räumen untergebracht, hat sie bisher ein wenig erfreuliches Dasein gefristet. Es ist das nicht genug anzuerkennende Verdienst des einsichtsvollen Oberhauptes unserer Stadt, in richtiger Erkenntnis ihres Wertes und Zweckes, die kostbare Bibliothek aus diesem unrühmlichen Zustande erlöst und ihr ein würdiges Heim für die Zukunft bereitet zu haben.

Unter diesen Umständen dürften einige nähere Nachrichten über die Büchersammluug des Rhenanus auch für weitere Kreise willkommen sein. Ja, es wäre vielleicht gradezu am Platze gewesen, dem neugeweckten wissenschaftlichen Interesse durch Herausgabe eines kritischen Kataloges entgegenzukommen, der, bibliographische Genauigkeit mit liebevoller Berücksichtigung der an jeden Band sich knüpfenden persönlichen Erinnerungen an den einstigen Besitzer verbindend, die Bibliotheca Rhenana in den Dienst der wissenschaftlichen Forschung gestellt, zugleich aber auch — ein Seitenstück zum Briefwechsel — die Teilnahme für die liebenswürdige und zugleich so tüchtige Persönlichkeit des edlen Stifters geweckt hätte.

Rhenanus enthält. Weitaus der grösste Teil derselben ist der zur Rhenanus-Bibliothek gehörigen handschriftlichen Briefsammlung entnommen. — Auch die von demselben Verfasser herrührende Biographie des Humanisten (Wien 1872 und 1873), sei gleich hier neben der älteren v. Jakob Mähly (Alsatia 1867. S. 201 ff.) erwähnt. — Die Bibliographie des Rhenanus habe ich zuerst ausführlich im Centralbl. f. Bibl.-Wes. II. 253 ff. und III 205 ff., weiter in meiner Besprechung des Briefwechsels ibid. IV 305 ff. behandelt.

Eine nähere Untersuchung liess bald erkennen, dass mangels jeder Vorarbeit dieser Gedanke zur Zeit nicht ausführbar sei. Ein einigermassen brauchbares kritisches Verzeichnis des Bestandes der Rhenanus-Bibliothek, das als Grundlage und Ausgangspunkt einer systematischen Bearbeitung gelten könnte, ist z. Z. überhaupt noch nicht vorhanden, da der aus der Mitte des vorigen Jahrhunderts stammende, übrigens nur in der fehlerhaften Abschrift Dorlans vorhandene sog. Schöpflin'sche Katalog sich bei näherer Prüfung als ebenso unzuverlässig erwiesen hat, wie der in den vierziger Jahren dieses Jahrhunderts aufgestellte französische. Es wäre nutzlos, die Mängel dieser unentbehrlichen Hülfsmittel hier aufzuzählen. Bemerkt sei nur, dass beide Kataloge ebenso ungenau als lückenhaft sind, dass andrerseits hier vieles unter Rhenanus' Namen läuft, was niemals zur Bibliotheca Rhenana gehört haben kann. Eine genauere Untersuchung wird hier in den meisten Fällen auf Grund unantastbarer innerer und äusserer Kriterien, vor allem unter sorgfältiger Ausnützung des Briefwechsels, das Richtige wohl feststellen können. Es liegt aber auch auf der Hand, dass somit der Umfang der Bibliotheca Rhenana erst nach kritischer Sichtung des gesamten älteren Bücherbestandes der Stadtbibliothek[1]) einigermassen sicher bestimmt werden kann. Eine solche Sichtung in dem alten Bibliothekshause vorzunehmen, war der beschränkten Räumlichkeiten wegen nicht möglich, da ein grosser Teil des älteren Bibliotheksbestandes überhaupt keine Unterkunft auf den Repositorien gefunden hatte, sondern mit Bänden aus der Rhenanus-Bibliothek untermischt in Kisten und Kasten und unzugänglichen Winkeln zerstreut lag.

Im Hinblick auf diese ausserordentlichen Schwierigkeiten entschloss sich der Verfasser, seiner Aufgabe, einem weiteren Kreise einen Einblick in die Schätze der Rhenanus-Bibliothek zu vermitteln, in bescheidenerer Form zu genügen. Auch hierbei

---

[1]) Die Aufnahme dieser älteren Bestände ist jetzt im wesentlichen durch Herrn Stadtbibliothekar Gény durchgeführt; einen allerdings nicht vollständigen Zettelkatalog der Bibliotheca Rhenana habe ich mir im Laufe der letzten Jahre zu eigenen Zwecken selbst angelegt.

war er indessen von dem Gedanken geleitet, dass die (wenn auch nur für einen bestimmten Zeitraum) zu gebende Aufzählung der Werke nicht nur möglichste Vollständigkeit anstreben, sondern auch zugleich die Bedeutung der Bibliothek für den geistigen Entwicklungsgang ihres Besitzers zur Anschauung bringen müsse. Denn die Büchersammlung des grossen Humanisten ist nicht nur eine Fundgrube bibliographischer Seltenheiten von unschätzbarem Werte, sie ist zugleich die denkwürdigste Urkunde für die Bildungsgeschichte ihres Besitzers, das getreue Abbild seines geistigen Wachsens und Werdens, das beste Stück seines der wissenschaftlichen Erkenntnis gewidmeten arbeitsvollen Lebens selbst.

Es wäre allerdings eine durchaus unrichtige Vorstellung, wenn man annehmen wollte, es fänden sich in seinen Büchern hier und da tagebuchartige Aufzeichnungen oder sonstige gelegentliche Notizen, die uns irgend welchen Aufschluss über seine äusseren Lebensverhältnisse bieten könnten, eingestreut. Leider bietet die Bibliothek in so annehmlicher Form so gut wie gar nichts dar. Und doch werden die altersgrauen Bände dem aufmerksamen Betrachter viel Bedeutsames erzählen können, das allerdings weniger der Aufklärung der äusseren Lebensumstände als der Erkenntnis seiner wissenschaftlichen und sittlichen Persönlichkeit dient. — Auch hat der von Rhenanus bis in seine späteste Zeit, wenn auch nicht immer mit der wünschenswerten Vollständigkeit, geübte Brauch, das Anschaffungsjahr einzuzeichnen, wie er zuweilen ein recht˙ erwünschtes Datum für die Lebensgeschichte liefert, vor allem die hohe Bedeutung, dass wir hierdurch in den Stand gesetzt werden, die Bibliotheca Rhenana in genetischer Entwicklung vorzuführen, was nicht nur an und für sich von besonderem Interesse ist, sondern auch für die Erkenntnis des Bildungsganges des Besitzers ein ausserordentlich wichtiges Moment bildet. Soweit Verfasser die Verhältnisse kennt, ist ähnliches für eine andere ältere Bibliothek niemals versucht worden und dürfte sich auch kaum jemals mit anderem Materiale erreichen lassen. — Dass das Studium der Rhenanus-Bibliothek endlich auch für das Leben sonstiger hervor-

ragenden Männer wie für die bisher so wenig bekannt gewordene
Schlettstadter Schulgeschichte manch bemerkenswerten Nachtrag
liefert, wird der Gang der folgenden Darstellung erkennen lassen.
In einem Zeitalter höchsten geistigen Aufschwungs geboren,
an dem frischen Hauche des von Italien herüberwehenden Humanismus genährt, zugleich in günstigen äusseren Lebensverhältnissen
sich bewegend, war es dem Schlettstadter Bürgersohn beschieden,
unter der erziehenden Einwirkung trefflicher Männer seine ausserordentlichen Geistesanlagen in harmonischer Ausbildung zu schönster
Blüte zu entfalten. Rhenanus ist ein Glied der oberrheinischen
Humanistengruppe, deren Typus der Geist der Schlettstadter Schule
ist. Es ist bekannt, dass der deutsche Humanismus sich von dem
italienischen Humanismus, obgleich von ihm gereinigt und gefördert,
nicht nur ganz specifisch unterscheidet, sondern dass auch innerhalb
des deutschen Humanismus selbst die einzelnen Richtungen weit aus-
einandergehen. Auch den Schlettstadter Humanisten ist ein gewisser
universalistisch-kosmopolitischer Zug eigen, doch treten anderseits
bei ihnen die Ideen „Christentum" und „Vaterland" mit bestim-
mender Energie hervor. Man kennt die bedeutungsvolle Persönlichkeit Jakob Wimpfelings, dieses unermüdlichen Vorkämpfers einer
neuen, an den Quellen des klassischen Altertums genährten christ-
lich-nationalen Bildung. Auch Rhenanus steht auf diesem Stand-
punkte. Und wenn er im Weiterschreiten seiner geistigen Entwicklung zu klarerer wissenschaftlicher Erkenntnis im allgemeinen, zu
freierer Auffassung ihres Wesens und Wertes, zu richtigerem Urteil
und feinerem Verständnis im einzelnen gelangt ist, so ist er doch
im Grunde seines Wesens stets der echte Sohn der Schlettstadter
Schule, seiner ersten geistigen Nährmutter, geblieben, dem der
Begriff der wahrhaft menschlichen Bildung mit dem der wahrhaft christlichen Bildung zusammenfällt. Und wenn auch zeitweilig die dem klassischen Altertum gewidmeten streng philologischen Studien im Vordergrunde seines Interesses zu stehen
scheinen, so zeigen doch anderseits seine lebhafte Teilnahme an
der grossen religiös-nationalen Bewegung seiner Zeit, seine Be-

mühungen um die Herausgabe eines gereinigten Textes der Kirchenväter, endlich seine so bedeutsamen der deutsch-vaterländischen Geschichte gewidmeten historischen Untersuchungen, dass die Ideen des Christentums und des Vaterlandes sein ganzes Leben hindurch die Grundstimmung seiner menschlichen wie seiner wissenschaftlichen Individualität geblieben sind.

Im Bildungsgange unseres Humanisten lassen sich deutlich zwei Perioden unterscheiden. Die erste reicht bis zum Jahre 1511 und zerfällt wieder in zwei Abschnitte, in die Zeit der eigentlichen Lehrjahre in Schlettstadt und Paris (1485—1507) und in die Zeit seines wechselnden, durch häufige kleinere Reisen unterbrochenen Aufenthaltes in Schlettstadt und Strassburg (1508—1511), in welche die ersten schüchternen Versuche seiner schriftstellerischen Thätigkeit fallen. Seine Entwicklung in dieser wichtigen Zeit der Lehrjahre steht unter dem Zeichen des Dreigestirns Hofmann-Faber-Wimpfeling. In Schlettstadt wird der Grund gelegt; in Paris wird die Schlettstadter Tradition im ganzen weitergeführt, zugleich aber vertieft und erweitert. Weniger noch tritt der humanistisch-philologische Einfluss hervor; doch verdankt er auch hierin Paris einige fruchtbare Anregungen, namentlich durch Aufnahme des Griechischen. — Auf die philosophisch-humanistische folgt die eigentlich philologische Periode. Sie beginnt mit seiner Uebersiedlung nach Basel im Sommer 1511 und endigt ungefähr mit dem Jahre 1515. Hier sind der in Italien gebildete gelehrte Gräcist Cono (Kuhn aus Nürnberg) und der grosse Erasmus von Rotterdam, der alleinherrschende Gebieter im Reiche des guten Geschmacks, seine Führer, unter deren bestimmendem Einfluss er sich zu jener gründlichen Kenntnis der klassischen Sprache und Litteratur, zu jener Feinfühligkeit seines philologischen Urteils und wahrhaften Urbanität bildete, die ihm nicht nur das uneingeschränkte Lob des Altmeisters Erasmus selbst, sondern auch weit über Deutschlands Gaue hinaus die Bewunderung der Zeitgenossen erwarb.

Verfasser sah sich infolge äusserer Gründe genötigt, seine Darstellung auf die Zeit der Lehrjahre in Schlettstadt und Paris zu beschränken. Die im II. Teile gegebene chron... Rekonstruierung seiner Bibliothek soll in erster Linie als Ergänzung der Darstellung selbst gelten, wird aber weiterhin auch geeignet sein, einen Einblick in die Schätze der Rhenanus-Bibliothek zu gewähren. Von diesen Schätzen werden in dem 2. Abschnitt des II. Teiles einige bemerkenswertere herausgegriffen und näherer Betrachtung unterzogen; dieser Abschnitt dürfte zugleich als ein Beitrag zur Geschichte des französischen Humanismus einige Beachtung beanspruchen. Ein bisher unbekannt gebliebenes Gedicht eines italienischen Humanisten endlich soll zeigen, dass selbst in dem auf seinen Humanismus so eiteln Italien der Sprössling des „Barbarenlandes" begeisterte Bewunderer gefunden.

Ich schliesse mit dem Wunsche, dass die wiedererstandene Bibliotheca Rhenana für alle Zeiten dem Dienste der Wissenschaft, dem Willen des edeln Stifters gemäss, der nicht studierte, um zu studieren, sondern „ut rebus mortalium prodesset"[1]) gewidmet sein möge: quia thesaurus occultus et sapientia abscondita velut inutiles comprobantur[2]). Jeder wahre Freund der Bibliotheca Rhenana wird aber auch von Herzen beistimmen, wenn ich diesen Wunsch erweiternd mit Trithemius hinzufüge: Sit bibliotheca sub tuta custodia, nec passim omnibus pateat, sed illis dumtaxat, quos amor et studium scripturarum commendat.

Schlettstadt, den 18. Mai 1889.

Dr. G. KNOD.

----

1) Beati Rhenani Vita per Joannem Sturm (Briefwechsel S. 9), zuerst in der von Sturm besorgten 2. Ausg. der Rerum Germanicarum libri tres. Basil. per Hier. Froben u. Nic. Episcopium 2o gedruckt.

2) Johannis Trithemii de laude scriptor. Mogunt. Fridberg 4o 1494, c. XV.

Inhalt.

Die bedeutendste Epoche eines Individuums
ist die Zeit seiner Entwicklung.
Goethe.

Erster Teil.

Die Lehrjahre des Beatus Rhenanus

in

Schlettstadt und Paris

(1485—1507).

I.

Vaterhaus und Schule.

nno dni Mcccclxxxiij wart geboren myn erstgeboren
sün Anthonius vſſ den achtsten Sant Agnessen,
der heyligen Jungfrowen vnd martereyn.
Anno dni Mcccclxxxiiij wart geboren myn ander sün
genant Johannes vſſ den dag sant Egidij des ersten dages
des monat genant ougsten.
Anno dni Mcccclxxxv wart geboren myn dirter sün genant Beatus
vſſ den achtsten vnser lieben frouwen der genant wurt der
vſſart oder vſſ den dag Thimotei vnd Simphoriani zweyer
marteler patronen ze Burner.

Es war Antonius Bild, genannt Rhinower (Rhinow), Bürger und
Metzger zu Schlettstadt, der diesen Vermerk über das Anwachsen seines
Hausstandes, künftigen Generationen seines Geschlechtes zum Gedächt-
nis, in die alte Hauspostille eintrug [1]) — er ahnte nicht, dass sein
Jüngster dereinst den Namen Rhinower für alle Zeiten zu Ehren bringen
werde. — Ursprünglich, wie der Name schon zeigt, in dem benach-
barten Dörfchen Rheinau ansässig, hatten die Bild, durch eine
Ueberschwemmung aus dem alten Wohnsitze vertrieben, vor nicht

---

[1]) Bibl. Rhen. Nr. 106.

allzu langer Zeit in Schlettstadt eine neue Heimat gefunden.
Rinower wurden die Ankömmlinge von den neuen Mitbürgern
genannt, eine Bezeichnung, die allmählich den alten Familiennamen
so vollständig verdrängte, dass dieser uns überhaupt nur noch in
der von Rhenanus selbst verfassten Grabschrift seines Vaters und
Grossvaters erhalten ist[1]). Oft genug hat Beatus diesen Wechsel
des Familiennamens beklagt[2]); er selbst hat sich indessen, wie
schon sein Vater, stets nur Rhinow genannt und als zwanzig-
jähriger Student durch Latinisierung dieses Namens nach damaliger
Gelehrtensitte sich für seine fernere Beibehaltung endgültig entschieden[3]).
Wann die Familie Bild in Schlettstadt heimisch geworden,
lässt sich nicht mit Sicherheit bestimmen. Jedenfalls hat Sturm
Unrecht, wenn er den Antonius als ersten advena seiner Familie
in Schlettstadt bezeichnet[4]). Schon sein Vater Eberhard wird in jener
Grabschrift civis Slecestatensis genannt. Nimmt man hinzu,
dass Rhenanus nicht mehr in der Lage war, die unliebsame
Wandlung des Familiennamens rückgängig zu machen, so wird
man getrost die Einwanderung der Bild in den Anfang des Jahrhunderts, vielleicht gar in das Jahr 1398 zurückverlegen dürfen,
das sich durch eine grosse Ueberschwemmung einen schlimmen
Namen gemacht hat[5]). — Unter Antonius erfreute sich die Familie
Bild in Schlettstadt bereits eines gewissen Ansehens. Ein nüch-
terner, arbeitsamer und sparsamer Mann, hatte Antonius es im Laufe
der Jahre zu einem gewissen Wohlstande gebracht; später wurde
er sogar wiederholt zu dem höchsten städtischen Ehrenamte durch

---

[1]) „Eberhardo Bild avo et Antonio parenti a Rinow cognominatis civibus Slece-
statensibus hic in vicina area sepultis, Beatus Rhenanus filius pietatis erga posuit
obiit ille circiter an. a Christo nato M.CCCCLX. hic autem anno M.D.XX. XI. kal.
decembris, uterque iam decrepitus." (Grandidier, Oevr. inéd. VI 343, auch bei Horawitz-Hartfelder, Briefwechsel S. 621.)
[2]) Joh. Sturm i. Vita Rhenani. (Horawitz-Hartfelder S. 1).
[3]) Vgl. Teil II (Bibliothek von 1500—1507). Auch andere infolge jener Ueberschwemmung nach Schlettstadt übergesiedelte Rheinauer Familien, wie die Koler,
Scherer, Meister, Nix etc. werden meist schlechtweg Rhinow genannt.
[4]) Vita: „quoniam pater advena Selestadii erat". Vgl. Hertzog, Edelsass. Chron.
VII 34: „(Antonius Rinow), welcher von Rheinach mit Weib und Kinder gen Schlett-
statt gezogen". — Schon Horawitz hat die Richtigkeit von Sturms Nachricht bezweifelt
(Beat. Rhen. S. 9, Anm. 1), während Mühly keinen Anstoss daran nimmt (Alsatia
1856—57, S. 206).
[5]) Auch die vor Jahren von Honau nach Rheinau übergesiedelten Canonici der
Kollegiatkirche von St. Michael haben infolge jener Ueberschwemmung im Jahre 1398
ihren Wohnsitz nach Strassburg verlegt (Grandidier IV 283).

das Vertrauen seiner Mitbürger berufen[1]). Als er selbständig wurde, jedenfalls vor dem Jahre 1472[2]), hatte er sein Bürgerrecht auf sein Haus in der Bongasse empfangen; später (1499) liess er dasselbe auf sein „Haus und Gesäss" in der Salzgasse, „zum Elephanten" genannt, übertragen[3]). Im alten, wohl vom Vater ererbten Hause in der Bongasse also war es, wo Antonius Rhinow mit Barbara Kegel um das Jahr 1482 seinen Hausstand begründete. Beide waren nicht mehr jung; Antonius bereits ein angehender Vierziger, während seine Gattin Barbara etwa fünf Jahre weniger zählte[4]). Es war ein kurzes Glück, dessen sich das ehrenwerte Paar erfreute; nach kaum 5 Jahren schon wurde Barbara, „die Zierde der Frauen, die unvergleichliche Gattin"[5]) von der Seite des untröstlichen Gatten gerissen, dem sie im Laufe

---

1) Vita. 1499 wird er „statmeister" genannt (vgl. Anm. 3), 1506 „schultheiss" (Bürgerbuch).

2) Weil er im Bürgerbuche, das bis 1472 zurückreicht, als neu aufgenommen, nicht zu finden.

3) Bürgerbuch: „Als der Ersame theny von Rinow jetzunt statmeister zur zeit burger worden vff sinem huse vnnd gesess in der Bongasse gelegen Da hat er dasselbe sein Burgkrecht geslagen vff sein huss vnnd gesess in der Saltzgassen gelegen genant ‚zum helfant' nebent Walther vonn Rinow actum secunda post Simonis et Judae apostolorum 1499." (Vgl. Rhenanus a. Spiegel 1. Nov. 1510: Ex „Elephanto‑nostro in vrbe Selestatina.) Dass er indessen damals den „Elephanten" schon längere Zeit besessen, ergibt sich aus einer Notiz im Anniversarienbuch der Pfarrkirche: „Anno M⁰CCCC⁰LXXXVI⁰ Ennel filia hans Nix legavit ... quattuor sollidos denariorum super domo sita ein syte neben der schnider trinckstuben ander site nebent teny von Rinow dem metzlger; denn diese Ennel Nix ist eine Rinow. (Bürgerbuch: „Item Ennel von Rynow ist seldnerin worden vff Donderstag sant Elsbethen dag anno 1472", wohl die Mutter jenes Walther.

4) Barbara Kegel scheint bereits Witwe gewesen zu sein. So heisst es im Anniversarienbuche: „Anno dui M⁰.cccc⁰lxxxij Barbara Kegelerin legauit pro se et eius marito Johanne Schmid de müttersholtz et sorore sua margaretha Kegelerin et omnibus parentibus et antecessoribus eiusdem sedecim solidos denariorum ut omni anno celebretur anniversarius eorundem dies ...". Man darf vermuten, dass die hier genannte Barbara Kegel mit der späteren Gattin des Antonius Rinow identisch ist, doch lässt sich nicht leugnen, dass die Chronologie einige Schwierigkeit macht.

5) „Barbarae Kegelerine mulierum decori, quam phtisis quadragenariam extinxit, an M.CCCCLXXXVII. XII. kal. Aug. Antonius Rhenanus uxori incomparabili fieri iussit" (Grandidier VI 350). (Horawitz-Hartfelder S. 619). Barbaras Bruder Reinhard Kegel „sacerdos", wie die von Rhenanus verfasste Grabschrift besagt (Horawitz-Hartfelder S. 620), † 7. März 1519, nachdem er dem Neffen sein Vermögen vermacht hatte. — Ueber weitere in Freiburg ansässige Verwandtschaft enthält das Inventar des vielumstrittenen, zeitweise beim Abt des Klosters Ebersheimmünster deponierten Nachlasses unseres Humanisten (Bez.-Arch. d. Unter-Elsass z. Strassburg s. „Ebersheimmünster" fasc. 176) eine unbestimmte Andeutung. Dasselbe wurde aufgestellt „vff vilfeltig Supplicieren vnd Anhalten des Ersamen Gallen Bischouen Bürgers vnnd Rhats zu Freiburgk im Breysgaw samt seiner Consorten als vermeintlichen erben weylandt Bernhart Ötlins seligen".

ihrer kurzen Ehe drei Söhne geschenkt hatte. Nicht lange nachher scheinen die beiden älteren Söhne der Mutter ins Grab gefolgt zu sein, da derselben nirgends irgendwie Erwähnung geschieht[1]).

Einsam, ohne Mutter und Geschwister, wuchs der kleine Beatus in dem freudlosen Hause in der Bongasse unter der Obhut einer alten Magd heran, da der Vater sich nicht entschliessen konnte, zu einer neuen Ehe zu schreiten. Selbst nicht ohne Bildung, wünschte der Vater, dass sein einziger Sohn und Erbe, der frühzeitig gute Anlagen und ausserordentlichen Lerneifer zeigte, dereinst die gelehrte Laufbahn einschlagen müsse. Wie diese mehr als irgend ein anderer Beruf in jener Zeit Gut und Ehre zu versprechen schien, so fiel hierbei wohl auch der Umstand ins Gewicht, dass damals kaum irgend eine andere deutsche Stadt dem besorgten Familienvater eine bessere Gelegenheit zur Ausbildung seiner Kinder bieten mochte als die kleine von mässig begüterten Weinbauern bewohnte Reichsstadt an der Ill, deren trefflich geleitete Lateinschule die wissbegierige Jugend aus weiter Ferne herbeizog.

Obwohl geistlichen Ursprungs und in ihrer ersten Zeit nur geistlichen Zwecken dienend, doch städtischen Patronates, hatte die Schule bei der Pfarrkirche sich mehr und mehr im Laufe der Jahre den wachsenden wirtschaftlichen Bedürfnissen der Bürgerschaft anbequemen müssen und war endlich seit ihrer Reorganisation durch den Westfalen Ludwig Dringenberg (1441-1477), einen Zögling der Hieronymianer, zur eigentlichen städtischen Bürgerschule geworden, indem der längst vorhandene innerliche Gegensatz, in welchem die Pfarrschule zu den Klosterschulen des Ortes stand, jetzt auch in Einrichtung, Lehrziel und Lehrweise seinen Ausdruck fand[2]). Nicht als ob Dringenberg, der selbst noch

---

[1]) Ihre Existenz war bisher den Biographen überhaupt nicht bekannt. (Sturm: „cum unus solum filius esset Beatus". Hertzog VII 34: „Diese beide Eheleut haben disen Beatum einen eintzigen Sohn erzeuget". (Hertzog hat sich hier selbst widersprochen; vgl. Anm. 5.) Ein Hans Rinow der Jung kommt a. xvij⁰ V. u. ö. im Bürgerbuch vor, kann indessen, wie das Jahr schon zeigt, mit dem oben genannten nicht identisch sein.

[2]) Diese von mir gegebene Erklärung steht allerdings mit der von Röhrich geäusserten (Die Schule zu Schlettstadt. Illgens Zs. f. hist. Theol. 1834. S. 202; vgl. dagegen desselben Verf. Mittheil. aus d. Gesch. d. evang. Kirche d. Els. I 79), von Wiskowatoff (Jakob Wimpfeling S. 24) aufgenommenen Vermutung, wie mit der von Schreiber (Gesch. der Albert-Ludwigs-Universität zu Freiburg i. B. I 120, Anm.) aufgestellten, von B. Schwarz (Jakob Wimpfeling S. 32) ins Ungeheuerliche „erweiterten", endlich von Strüver (Die Schule zu Schlettstadt) nochmals wiederholten

Kleriker war und in seinen Reformen sich immerhin den vorgefundenen äusseren Verhältnissen anpassen musste, mit der Ueberlieferung gänzlich gebrochen, neue Lehrgegenstände und Lehrbücher eingeführt hätte: auch in Dringenbergs Schule blieb das überlieferte System des Triviums als Fundament aller höheren Bildung unangetastet; und wie er dem lateinischen Unterricht seine durch den Brauch der Jahrhunderte sanktionierte allbeherrschende Stellung wahrte, so wurden auch die kanonischen Ansehens sich erfreuenden grammatischen Lehrbücher des Donatus und Alexander beibehalten [1]). Aber neben der Grammatik fand jetzt auch die in den Klosterschulen ganz und gar vernachlässigte Lektüre ihre gebührende Stellung, und diese selbst wurde wieder in den Dienst eines höheren Zweckes gestellt.

Wie das Studium der Grammatik die Schriftstellerlektüre vorbereiten und unterstützen sollte, so wurde diese letztere wiederum als wirksamstes Mittel zur Erzeugung wahrer Geistes- und Herzensbildung betrachtet. Dieses Verhältnis von Mittel und Zweck musste denn auch für die Art des Schulbetriebes massgebend werden. Es ist das unvergängliche Verdienst der Hieronymianer, dass sie dem in den Klosterschulen heimischen ebenso geistlosen wie unfruchtbaren scholastischen Lehrverfahren gegenüber dem gesunden Menschenverstande wieder zu seinem lange verkannten Rechte verholfen haben, indem sie das Verständliche und Lebendige an Stelle widersinniger Spekulationen und leeren Wortgeklingels, Einfachheit und Natürlichkeit an Stelle scholastischer Unwahrheit und Gespreiztheit setzten.

Dieser Geist pädagogischer Einsicht und frommer Weisheit, wie er in den Hieronymianer-Schulen herrschte, war seit Dringenberg auch in der Schlettstadter Stadtschule lebendig geworden und fortan ein Erbteil derselben geblieben; denn auch Dringenbergs Nachfolger waren redlich bemüht, im Sinne des Meisters ihre Schüler zu guten Lateinern und frommen Christen zu erziehen, indem sie mit der zweckmässigsten Ueberlieferung eines durch den Hauch des klassischen Altertums geläuterten Schulwissens

---

Ansicht im Widerspruch. Sie ist aber, so viel ich sehe, nicht anfechtbar und entspricht auch einem anderweitig hinsichtlich der Entstehung der sogen. „Stadtschulen" beobachteten Vorgange (vgl. Paulsen, Gesch. d. Gelehrt.-Unterrichts S. 13).

[1]) Ueber Dringenbergs und seiner Nachfolger Lehrverfahren ist seit Röhrich nichts Wesentliches beigebracht worden. Man thut auch hier am besten, sich an die Quellen, d. h. vor allem an Wimpfelings Schriften zu halten (vgl. u.).

zugleich den Samen echt religiöser Gesinnung in die jugendlichen Herzen senkten. Auch für die Schlettstadter Schule ist seit Dringenberg neben einer ausgedehnten Lektüre der lateinischen Klassiker ein gewisser Eklekticismus in der Methode bei vorherrschender Richtung auf das Volkstümliche und Praktische bezeichnend, wie denn auch die Muttersprache zur Vermittlung des sachlichen Verständnisses nicht nur bei dem grammatischen Unterricht, sondern auch bei der Interpretation der Schulschriftsteller in einem über das sonst übliche Mass hinausgehenden Grade herangezogen worden zu sein scheint. Kann somit die Schlettstadter Stadtschule auch nicht als die reinste Verkörperung der humanistischen Bildungsideale im strengen Sinne des Wortes gelten, so ist sie doch die erste Laienschule in den oberdeutschen Landen gewesen, die in bewusstem Gegensatze zu den klerikalen Lehranstalten nach Ziel und Methode in humanistische Bahnen einlenkte und die grosse Mehrzahl jener streitgerüsteten Männer erzog, die den bald allerorts entbrennenden Kampf gegen die wissenschaftliche und sittliche Barbarei eines entarteten Mönchtums für die oberrheinischen Gegenden siegreich entschieden.

Das war die Lebensluft, in welcher der junge Beatus fortan atmen und gedeihen sollte. Nach Dringenbergs Tode (1477)[1]) hatte Craft Hofmann aus Utenheim im Badischen, Laie und verheiratet, vielleicht selbst ein Schüler Dringenbergs, die Leitung der Schlettstadter Stadtschule übernommen. Seit 1468 in Heidelberg immatrikuliert[2]), ist er, wie es scheint, nicht unberührt geblieben von jenen humanistischen Regungen, die damals weniger von der Universität als vom kurfürstlichen Hofe, vor allem von dem humanistisch gebildeten Hofkaplane ausgingen. Von Wimpfeling wenigstens, der gleichalterig mit Hofmann (beide sind im Jahre 1450

---

[1]) Vgl. meinen Aufsatz in den Strassburger Studien II 431 ff., wo die noch von Strüver so sehr vernachlässigte Chronologie der Rektoren in Ordnung gebracht worden ist. Mit Hülfe der Röhrich und Strüver nicht bekannt gewordenen handschriftlichen Chronik des Bürgermeisters Frey (Hieronymus Gebwiler) und einiger unbeachtet gebliebener Notizen Jacob Spiegels hat sich dort für die ältere Chronologie folgendes ergeben: Dringenberg 1441—1477, Crato Hofmann 1477—1501 (Ende), Gebwiler (Ende 1501 (oder Anfang 1502)—1509 (Ende).

[2]) G. Töpke, Matrikel I 323: Crafto filius Johannis Craftonis de Vdenhem 1468. XII. Aprilis. — baccal. art. v. mod. 20. 1. 1470. 1472, 17. März, wurde er Magister (ibid. II 407). Dass Hofmann auch in Basel unter Seb. Brant studiert habe, wie Fechter (Beitr. z. vaterl. Gesch. v. Basel III 151) wissen will, ist nicht wahrscheinlich, da Seb. Brant selbst erst 1475 in Basel als junger Student immatrikuliert wurde; es scheint hier eine Verwechslung mit Gebwiler vorzuliegen.

geboren), seit Ende 1469 gleichfalls in Heidelberg studierte, wissen wir, dass seine Bekanntschaft mit Matthias Kemnat nicht ohne Einfluss auf sein humanistisches Werden geblieben ist [1]). Wie dem auch sei, so steht doch fest, dass in Hofmanns Schule in noch umfassenderer Weise, als dies bei Dringenberg der Fall gewesen sein kann, lateinische Lektüre und zwar nicht sowohl die der von Wimpfeling so sehr empfohlenen „christlichen" Dichter als der lateinischen Klassiker und humanistischen Neulateiner getrieben worden ist. Und wenn auch Johannes Sturm, der Sohn einer vorgeschrittenen Zeit, nicht ohne Ironie gemeint hat, dass Hofmanns Herzensgüte wohl grösser gewesen sei als seine Gelehrsamkeit, so spricht doch ein in diesem Falle gewichtigerer Zeuge, der selbst auf Hofmanns Schulbank gesessen, noch nach Jahren als gereifter Mann vom Lehrverfahren seines Rektors mit lebhafter Anerkennung und stellt ihm das rühmliche Zeugnis aus, dass er es verstanden habe, aus „stammelnden Barbarenkindern wohlberedte lateinische Männer" zu machen [2]). Allerdings hat auch Hofmann noch wie sein Vorgänger das barbarische Lehrbuch des Alexander beibehalten; doch wird von demselben Gewährsmann berichtet, dass ihm die Träumereien der Glossatoren in tiefster Seele zuwider gewesen seien; auch fügt derselbe an einer anderen Stelle hinzu, dass Hofmann es verstanden habe, die klassischen Dichter docte, nihil non excutiens, elegantiam, consilium, figuras, artificium zu erklären [3]). Ein Mann von „Catonischer Sittenstrenge", doch freundlichen und milden Wesens, hat sich Crato die herzliche Zuneigung seiner

---

1) Vgl. m. Aufs. i. Zs. f. Gesch. d. Oberrh. N. F. I 318.

2) Jak. Spiegel, Schol. i. Reuchl. Scen. progym. (vgl. m. Jacob Spiegel I 8, Anm. 3, wo ich die Stelle ausgehoben habe). Ein anderes, bisher nicht verwertetes lobendes Zeugnis für das Lehrverfahren der nächsten Nachfolger Dringenbergs bietet Wimpfeling in Diatr. c. IV, wo er empfiehlt, nach schnellster und praktischster Einprägung der notwendigsten grammatischen Vorbegriffe sofort zur Lektüre überzugehen: Sic ego crediderim praeceptores Dauantrinos (licet mihi incognitos) Chratonem Vdenhemium, Hieronymum Gebuilerium in Selestadio, Georgium Simler in Phorce (auch ein Schüler Dringenbergs) discipulis suis salutiferam facilemque viam praebuisse, quos ingeniosissimis suis auditoribus Ciceronem, Suetonium, Valerium Maximum, Antonium Sabellicum cum maximo fructu certo constat esse interpretatos. Auditores enim illorum ego ipse postea in vniuersitatibus (ad quas diuerterant) audiui mirum in modum uelut in latina lingua probe doctos et solide in grammatica institutos commendari adeo ut ad audiendam mox Aristotelis dialecticam physicamque accommodati paucis post annis in praeclaros philosophiae magistros cum gloria vniuersitatum ac parentum gaudio absque magna iactura et inani patrimonii sui profusione exaltari mererentur.

3) Jakob Spiegel I S. 9, wo auch über das folgende.

Schüler in hohem Grade erworben. Auf Hofmanns Epitaph in der Schlettstadter Pfarrkirche, das dankbare Schüler dem verehrten Lehrer gestiftet, ist auch unseres Rhenanus Name zu lesen.

Ob und inwieweit auf der Schlettstadter Schule klassische Lektüre getrieben wurde, war bei der Dürftigkeit der Quellen bisher überhaupt nicht festzustellen. Auf Dringenberg hat man schlechtweg auch in dieser Hinsicht das Verfahren der Hieronymianer übertragen; von Hofmann wusste man wenigstens, dass er Ovids Fasti interpretiert habe[1]). Wir sind in der glücklichen Lage, auf Grund des in der Schlettstadter Stadtbibliothek überkommenen Materials diese Lücke in der Ueberlieferung in erwünschter Weise ausfüllen zu können.

Zunächst kommt hier die wohl aus städtischen Mitteln beschaffte Handbibliothek des Rektors in Betracht, die die hervorragendsten lateinischen Prosaiker und Dichter in bemerkenswerter Vollständigkeit: Cicero, Suetonius, Curtius, Lucanus, Ovidius, Vergilius, Martialis, Horatius, Tibullus, Catullus, Propertius etc. etc. enthält[2]). Darf man auch billig bezweifeln, dass hiermit zugleich der Katalog der wirklich gelesenen Schulschriftsteller gegeben sei, so steht doch auf Grund anderweitiger unangreifbarer Zeugnisse hinreichend fest, dass in der That schon in Hofmanns Schule die klassische Lectüre in höchst beachtenswertem Umfange betrieben wurde. Ich darf mich hier zunächst auf ein aus Hofmanns Schule stammendes Schulheft beziehen, das ursprünglich einem sonst unbekannten Wilhelmus Gisenheim, einem Mitschüler des Beatus Rhenanus, gehörte[3]). Dieses Heft, vom Besitzer selbst geschrieben, bietet in buntem Durcheinander, in Vers und Prosa, den durchgenommenen Lehr- und Lernstoff dar, untermischt mit deutschen und lateinischen Interlinearversionen und Randnoten, die sich meist auf Grammatik, Synonymik und Etymologie beziehen und wohl als erklärende Bemerkungen des Lehrers aufzufassen sind. Fragmente aus Sallust (de Catilinae coniuratione), Terenz, sowie Iso-

---

[1]) Hofmanns Brief vom 29. August 1501 in De fide meretricum (f⁰. Büijb)... ille gentili obstabit poëtae Ovidio, quem me vobis nuper interpretante accepistis... (vgl. auch Strüver S. 27). — Wimpfelings Nachricht (vgl. S. 7, a. 2) ist zu allgemein gehalten, als dass man wüsste, was davon auf Hofmann zu beziehen.

[2]) Vgl. J. Gény, Gesch. d. Bibliothek z. Schlettstadt S. 22 f.

[3]) Nr. 442. Ms. 4⁰. Dasselbe trägt nachstehende Inschrift von der Hand des Besitzers: „Wilhelmus Gisenheim Est Pos(s)essor Huius) Libri Si Quis Inuenit Reddere debet Si non reddetur nequam uidetur Et Cetera. Anno Domini Millesimo Quadringentesimo Nonagesimo Quarto Tunc Temporis Visitans in Slestat. Deo Gracias Post Feria Quinta Post Festum Sancti Michaelis".

cratis epistola ad Demonicum in lateinischer Uebersetzung geben über den Umfang der Lektüre einige dankenswerte Winke; für den Stand philologischer Kritik und pädagogischer Beurteilung ist bezeichnend, dass auch einzelne der unter Vergils Namen gehenden apokryphen carmina in den Kreis der Schullektüre einbezogen sind [1]). Das interessante Schulheft lässt aber auch auf die Art der Behandlung einige willkommene Streiflichter fallen. Es zeigt zunächst, dass der Rektor in Ermangelung gedruckter Schulbücher den Text den Schülern aus seinem Handexemplar zu diktieren pflegte, der dann „distinguiert, konstruiert und exponiert" wurde, ganz in der Weise, wie Thomas Platter es noch etwa zwanzig Jahre später in der Schule bei St. Elisabeth in Breslau fand, wo der Lehrer der einzige in der Klasse war, der einen gedruckten Terenz in Händen hatte. Welcher Nachdruck unter Hofmann auch auf die religiöse Unterweisung gelegt wurde, beweist der Umstand, dass volle 18 Blätter des Heftes lateinische Gebete, meist mit Kommentar, enthalten ; auch einige Psalmen mit paraphrasierender Interlinearerklärung sind mitunter eingestreut. Die Neueren sind durch Abschnitte aus Philippi Beroaldi Bononiensis contra Seruium annotationes ad Franciscum Casalum Mediolanensem und einige Briefe aus der vielgebrauchten, auch von Wimpfeling

---

[1]) f⁰. 136: Virgilius de Venere et Baccho. — De littera. Es war nicht möglich, mit den hier zugänglichen Hülfsmitteln diese apokryphen Gedichtchen näher zu bestimmen. Dass dieselben in den Schulen jener Zeit in der That gelesen und erklärt wurden, beweist eine von Rhenanus angefertigte Abschrift des ersten derselben nebst vorausgehender Einleitung und ausführlichem Kommentar (In Nr. 300. 51'₂ SS.) des Zasius. Dieser Name ist nämlich auf dem ersten Blatt links oben mit kaum lesbaren Buchstaben eingeschrieben. Die Einleitung beginnt mit den Worten: Publij Vergilij Carmen contra luxuriam et ebrietatem. Item Pnblius Vergilius pre se ferens illud Cathonis hominem esse uatum ad vtilitatem aliorum ad id annititur veluti semper annixus est ut humanae utilitati consulat. Itaque inter alia crimina duas potissimum pestes delegit quo veluti precipuas carmine suo taxaret libidinem videlicet et ebrietatem quo cum fomento uno nutriuntur recte uno carmine comprehenduntur. Dicit itaque Nec veneris nec ... ut statim sequetur. Es folgt nun eine drei Seiten lange Auseinandersetzung de venere, dann de vino, endlich über ihre Beziehung zu einander. Dann kommt das 16 Verse umfassende Gedicht mit der unter jedem Verse stehenden Paraphrase. Die Erklärung lässt dieselbe pädagogische Tendenz erkennen, die einst Wimpfeling veranlasste, zunächst eine neue Ausgabe, dann sogar eine Uebersetzung von Philippi Beroaldi declamatio de tribus fratribus ebrioso, scortatore & lusore zu veranstalten (nec ad aliquid horum viciorum, schreibt er an seinen Zögling Jakob Sturm, mi Jacobe, te addueant argumentationes, quibus hij tres fratres usi sunt). Aus demselben Grunde haben Crato Hofmann und Johannes Gallinarius ihren Schülern jene quaestio quodlibetaria De fide meretricum in suos amatores (vgl. S. 8, Anm. 1) empfohlen.

10

wiederholt empfohlenen Sammlung des Franciscus Philelphus, endlich durch das poetische Argumentum Sebastiani Brant in secundum virginalem candorem Jacobi Wymfflingi vertreten. Dass auch auf äusseren Anstand gehalten wurde, mögen wir aus dem Vorhandensein der auch bei den italienischen Pädagogen jener Zeit so beliebten versificirten lateinischen Tischregeln erkennen.

Noch grösseres Interesse für uns hat ein anderes Schulheft, das von dem dreizehn- bis vierzehnjährigen Beatus selbst in den Jahren 1498 und 1499 geschrieben wurde — das älteste, was wir überhaupt von seiner Hand besitzen (Nr. 444bis. 2^0. 240 ff.). Dass wir es hier mit einem Schulhefte, nicht etwa mit einer dem Privatstudium dienenden Sammlung zu thun haben, geht daraus mit unwiderleglicher Sicherheit hervor, dass wir hier die Bestätigung der oben erwähnten gelegentlichen Aeusserung Hofmanns (vgl. S. 8, Anm. 1), er habe jüngst Ovids Fasti interpretirt, vor Augen haben, da sich die hier erwähnten Fasti auf f^0 102—195 des Heftes, und zwar Lib. IV—VI. finden. Am Schlusse von Lib. IV folgt die Bemerkung : „B. R. deo gracias" und am Ende des sechsten Buches als Schlussdatum : „1. 4. 9. 8." — Im folgenden Jahre wurde dann u. a. Vergil getrieben, und zwar wurden aus der Bucolica ecloga 1—7 gelesen. Der Schlussvermerk lautet : „Buccolica Maronis feliciter finiunt Et scriptum per me beatum Rinow anno domini 1. 4. 9. 9. et in die lune post festum epiphanie Domini. Isidorus Episcopus (?) finis laus deo omnipotenti. Amen" [1]). Alsdann ging man zur Lektüre der Georgica, der „glücklichsten Leistung des Altertums im Lehrgedicht" über, die vollständig gelesen wurden. Voraufgeschickt wurde jedem Buch das betreffende poetische Argumentum Antonii Mancinelli und ein „Tetrastycon Ovidii". Hier lautet der Schlussver-

---

[1]) Auch hier sei auf Wimpfelings Ansicht zur Vergleichung hingewiesen. Diatr. de proba pueror. instit. c. VI: Nec Baptistae (Mantuani) eclogas ullo pacto pretereat (fidelis preceptor), quas propter latinitatis copiam, propter stili planam dulcedinem, propter vtiliora argumenta, propter pudicitiam et honestatem vergilianis eclogis preferimus qne ad verum intellectum plerisque in locis pueris et adolescentibus absque veneno tradi difficulter possunt. Quorum si puer doceatur medullam intelligere venenum ignisque libidinum ei infunditur. Sin obiter saltabimus nihil tamen satius fuit eos locos attigisse. Ganz richtig hatte er, was den von ihm geltend gemachten Grund seiner Abneigung betrifft, schon in der Vorrede zu seiner Ausgabe von Magnencii Rhabani Mauri De laudibus sancte crucis (1502) gefragt: quid prodest igni ignem adicere? sanguinem ciere? furorem ampliare, malos cogitatus immittere, amoris stimulos imprimere etc. etc. Und doch die Publicierung jener obscönen Quaestiones quodlibetariae lediglich zu pädagogischen Zwecken! (vgl. (S. 9, Anm. 1).

merk (f° 101ᵇ): „Finit uirgilij maronis optimi poete et philosophi
liber georgicorum quartus et vltimus. Anno domini 1. 4. 9. 9.“ Ein
sorgfältiger Index rerum et verborum macht den Schluss des
interessanten Heftes, das dem Eifer und Verständnis des vierzehnjährigen Lateiners ein höchst beachtenswertes Zeugnis ausstellt[1]).
Mit dem Jahre 1500 ging Beatus dazu über, sich selbst eine
Bibliothek anzulegen, die ihm nicht nur die Schulschriftsteller,
sondern auch die Mittel zum Privatstudium an die Hand geben
sollte (vgl. das Verzeichnis der Bücher im II. Teile). Grammatische
und rhetorische Handbücher, Klassiker, Neulateiner, Philosophen
und Dichter in bunter Reihe! Welche Vielseitigkeit des wissenschaftlichen Interesses bei eindringendstem Studium! Welch' uner-
sättlicher Wissensdurst, aber auch welche Kraft des Wollens und
Könnens tritt uns aus diesen mit handschriftlichen Noten des Besitzers übersäeten Blättern entgegen! Man staunt nicht weniger
über den riesenmässigen Fleiss, mit welchem der angehende
Student diese gewaltigen Folianten bewältigte, wie über die Selbst-
ständigkeit des Denkens und Urteils, die uns hier und da in den
von seiner Hand hinzugefügten Bemerkungen entgegentritt. In der
That, wer Rhenanus kennen lernen will, der muss in seine Bibliothek gehen und ihn bei seinem Studium selbst beobachten.

Betrachten wir zunächst die ein volles Dutzend Namen umfassende Reihe der grammatischen und rhetorisch-stilistischen Handbücher aus der Schlettstadter Schulzeit! Abgesehen vom Alexander
in gereinigter Ausgabe und einem der besseren Kommentatoren
(des Hieronymianers Johannes Sinthen (Sinthis), des Lehrers des
Erasmus zu Deventer), durchweg humanistische Namen, italienische

---

[1]) Das Heft enthält allerdings noch: f°. 205: M. Valerij Martialis Epigrammata:
cum Domicij Calderinj Veronensie ac Georgij Merulae Commentarijs; indessen dürfte
Hofmann doch kaum den Martial in der Schule gelesen haben. Dass derartiges
hier und da wohl vorgekommen, mag aus einer Bemerkung Wimpfelings entnommen
werden, der pro Martiale die Epigrammata Engelhardi Scintillae et Hermanni
Buschii gelegentlich empfiehlt, sowie pro Lucrecio Lactantius, pro Stacio Arator,
pro Ovidio Alcimus, pro Catullo Prosper, pro Tibullo Iuuencus, pro Horacio Pru-
dencius, pro Iuuenale Baptista Mantuanus gelesen werden solle. Noch 1520 ist es
ein beliebtes Gesprächsthema der Schlettstadter Gelehrten-Gesellschaft, wie es ge-
schehe „ut cum poetas omneis etiam parum pudicos, Martialem videlicet et Con-
stantinopolitanum Marullum manibus studiosorum passim teri videamus unus Aurelius Prudentius sic incognitus iaceat“ (Spiegel II). Rhenanus mag den Martial
wohl privatim gelesen haben; bei seinem unersättlichen Lerneifer durchaus begreiflich. Nur einmal wird Martial später (1531) im Briefwechsel citirt (Horawitz-Hartfelder 8. 387).

und deutsche, von gutem Klange, und zwar gehören die auf deutschem Boden entstandenen oder gedruckten Lehrbücher durchgängig jener Klasse an, die die Heranziehung der Muttersprache zur Wort- und Sacherklärung im lateinischen grammatischen Unterricht voraussetzte [1]). Alle diese Bücher zeigen durchgängig Gebrauchsspuren, der Kommentar des Sinthis jedoch nur auf den ersten 5 Bll. Beachtenswert ist, dass nicht nur Lib. I. (Etymologie, d. i. Formenlehre), sondern auch die von Wimpfeling so sehr verpönten [2]) Libb. II (Syntax) und III (Prosodie) eingeübt wurden. Gelegentlich wird in einer von Rhenanus' Hand hinzugefügten Randnote die Autorität des Priscianus oder auch wohl (in der Prosodie) die des Franciscus Maturantius geltend gemacht, auch erläuternde Belege aus Vergil, Ovid und Juvenal sind hier und da am Rande beigeschrieben. Von Italienern sind Nicolaus Perottus († 1480) (in einer von Hain nicht beschriebenen seltenen Pariser Ausg.)[3]), Franciscus Niger († ca. 1510), Stephanus Fliscus († ca. 1455), Augustinus Datus († 1478) und Baptista Guarinus († 1513), endlich das umfangreiche, auch Stoff für die Lektüre enthaltende grammatisch-stilistische Handbuch des Antonius Mancinellus († ca. 1505) und der ungemein reichhaltige praktische Briefsteller des Marius Philelphus († 1480) zur Stelle, welch letzterer nicht weniger als 80 genera epistolarum, deren jedes wieder 3 modi, einen modus infimus, medius und altiloquus in sich begreift, in Regeln und Beispielen abhandelt, ausserdem noch einen aus Aristoteles und Cicero zusammengetragenen kurzen Abriss der Rhetorik enthält. Wir müssen es uns versagen, auf diese Lehrbücher näher einzugehen, um noch einen Augenblick bei den nicht minder interessanten, doch im allgemeinen weniger gekannten, von deutschen Verfassern herrührenden grammatischen Lehrbüchern verweilen zu können.

---

[1]) Die Mehrzahl dieser interessanten grammatischen Lehrbücher ist besprochen in der gründlichen Schrift von Johannes Müller: Quellenschriften u. Gesch. des deutschsprachl. Unterrichts. Gotha 1882.

[2]) Auch hierüber vgl. in erster Linie den Isidoueus. Auch Bebel ist derselben Ansicht: cf. De institut. pueror. (Arg. 1513) f°. 6b: Primam (Alexandri) partem sine commentarijs et nugis quas modo annumeravi non damnandum censeo ... Secundam autem partem penitus inutilem censeo, immo perniciosam quippe qui sine vtilitate obscurior est quam vllus poetarum ... Tertiam autem partem nimis imperfecte quantitates syllabarum tradentem omnino respuo, quoniam qui huic uni se versificator committeret, plus quam mille in locis posset errare. Er beruft sich zugleich auf den Isidoneus, doch stimmt hiermit auch, was Diatr. c. II zu lesen.

[3]) Der Kürze wegen sei hiermit ein für allemal auf das als Teil II folgende Bücherverzeichnis verwiesen.

Da sind zunächst die für die praktische Handhabung der lateinischen Sprache in Wort und Schrift berechneten, synonymische Zusammenstellungen enthaltenden Gesprächsbüchlein des Klosterneuburger Mönchs Ulricus Ebrardus[1]) und des berüchtigten humanistischen Wanderapostels Samuel Karoch von Lichtenberg[2]) zu erwähnen ; vor allem aber muss das zum Selbstunterricht bestimmte ziemlich umfangreiche Exercitium puerorum grammaticale per dietas distributum eines unbekannten Verfassers unsere Aufmerksamkeit fesseln, dessen gesunde pädagogische Ansichten, was bisher noch nicht bemerkt, vielfach an diejenigen Wimpfelings erinnern[3]). Das Buch macht

---

1) Ueber Stephanus Fliscus und Ulricus Ebrardus vgl. Joh. Müller a. a. O S. 230 f. Ebendort ist aus dem Exercitium puerorum ein umfangreicher Auszug (S. 17 ff.) gegeben, welchem in den „Literar-Notizen" von S. 244 ab eine eingehende Besprechung folgt. Vgl. über das Exercitium puerorum auch Paulsen a. a. O. S. 25.

2) Vgl. über diesen Wattenbach i. Zs. f. Gesch. d. Oberrhein. XXVIII 38 ff., der indessen dieses Werkchen nur aus Zarncke d. deutsch. Univ. i. MA. S. 84 kennt (S. 45).

3) So enthält z. B. das Vorwort die den ganzen Isidoneus durchziehende Klage super nimia detentione in obscuris, prolixis et inutilibus grammatice, auch wird getadelt, dass die Grammatik nimium duplicatis et diversis opusculis gelehrt werde, (vgl. hiermit ausser Isid. 8. 14 noch Wimpf. Diatrib. c. II: Nolite inquam puerulis inculcare tot et tam varias grammaticas totque grammaticales iam iuxta hanc iam iuxta aliam regulas etc.) Durch das Jahrelange Einpauken des Alexander wird Zeit und Geld vergeudet, der Geist abgestumpft. Habent italici praeceptores laudabiles consuetudines, qui pueros ad erudiendum commissos primis aliquantulum iactis fundamentis statim ad virgiliana carmina etc. collocant. (vgl. hiermit Isid. c. 17: et hodie videmus italos ingenio praeditos aliter liberos suos instituere. Imbibitis enim brevissimo tempore grammatice rudimentis ... traducunt eos ad poetas, ad oratores, ad historicos, und Wimpf. a. Thom. Wolf 1. März 1503: laudo ego ingenia Italorum qui a teneris annis bene instituti necessaria et utilia discunt u. s. w.). Es liessen sich diese Beispiele leicht verdreifachen. Ohne Frage haben wir hier eine Quelle Wimpfeling'scher Pädagogik vor uns. Es lohnte sich wohl der Mühe, Wimpfelings pädagogische Schriften einmal auf ihre Quellen genauer zu untersuchen; bei Wiskowatoff, Schmidt, Schwarz wird man nichts darüber finden. Neben den Italienern, die er ausgeschrieben, kommen, wie man sieht, auch deutsche Vorgänger, selbst solche minderwertigen Charakters, hier in Betracht: nullum librum tam malum esse, sagt er gelegentlich, ut non in aliqua parte prosit. So wird z. B. niemand Gresemundts Lucubratiunculæ (May. 1494) für eine pädagogische Leistung halten und doch wird man eine Benutzung dieses Buches durch Wimpfeling nicht leugnen können, wenn man Stellen wie folgende betrachtet: Isid. c. 17 (F⁰ 11b): post duorum etiam aut trium lustrorum studia interrogati, quidnam didicerint, respondere aliud nihil possunt quam ambas Alexandri partes. Itaque fit vt plerumque apud nostrates, qui philosophie, septemue disciplinarum magistri nuncupantur, cum achademias exeunt inque peritorum hominum concionem veniunt, neque latine loqui norunt, neque epistolam neque carmen edere, neque historiam recensere. Gresemundi Lucubra. (F⁰ a5): adeo ut cum tribus lustris adolescens Gymnasia coluerit: interrogatus quidnam eum docuerint preceptores? respondeat: ambas Alexandri partes: Inde fit ut et nonnulli (qui apud nostrates philosophie magistri nuncupantur) cum achademias exeunt: et ad cetum

sich anheischig, Lernbegierigen jeden Standes, Geistlichen und Laien, Knaben und Erwachsenen, Ordensschwestern und Kaufleuten schnell und mühelos, ohne Lehrer eine gründliche Kenntnis der lateinischen Sprache zu vermitteln. Es enthält auf 132 Bll. in 2 Büchern, die den ersten beiden Teilen des Alexander entsprechen, die vollständige Formenlehre und Syntax in praktischer Form, indem es zugleich durch zahlreiche eingestreute methodische Winke den Leser belehrt, wie er am vorteilhaftesten das hier Gebotene verwerten könne. Ist es auch vorzugsweise für den Selbstunterricht bestimmt, so ist damit seine Verwendung im Schulunterricht keineswegs ausgeschlossen. Lange Vorerörterungen und Erklärungen seitens des Lehrers sind ganz überflüssig, da es so verständlich geschrieben ist, dass die Schüler sich schon von selbst zurechtfinden werden. Er sehe nur darauf, dass das aufgegebene Pensum gut memoriert und durch beständige Uebung flüssig erhalten werde, so könne der Erfolg nicht fehlen.

Weit über das von Wimpfeling geforderte Maass geht aber hinaus, was die Bibliothek des Schlettstadter Lateinschülers hinsichtlich der Schriftsteller bietet, da sie nicht nur die bedeutenderen lateinischen Prosaiker und Dichter in schönen (meist Venetianer) Ausgaben enthält, sondern auch die weniger bekannten Autoren, die sonst auch in den humanistischen Schulen jener Zeit nicht grade Gegenstand der Schullektüre zu sein pflegten, in seltener Fülle und Vollständigkeit bietet. Beachtenswert ist es, dass die von Wimpfeling so sehr gepriesenen „christlichen" Dichter recht auffallend zurücktreten. Der oft empfohlene Baptista Mantuanus

vocantur peritorum: neque latine loqui norunt: neque carmina cudere: nec epistolas componere: nullas historias recensere. Isid. c. 17. (F. 11b.): et hodie videmus Italos prudentia præditos aliter liberos suos instituere. Imbibitis enim brevissimo tempore grammatice rudimentis (quantum ad concinnitatem locutionis attinet) traducunt eos ad pœtas, ad oratores, ad historicos... Sicque italorum fillj mox euadunt idonei ad audiendas leges, ad canones ad sacras literas etc. Lucubr. ibid. Sagaces enim itali plerumque his difficultatibus omissis: breuiorem salubrioremque suis adolescentibus grammaticam tradunt, qui usque adeo crescunt ut quattuor vix lustris transactis in sublimiorum facultatum doctores euadant. — Im Anschluss hieran sei noch bemerkt, dass das von Horawitz-Hartfelder (S. 621) nach Riegger Amoen. abgedruckte Epitaphium des Rhenanus auf Wimpfeling sich zum ersten Male gedruckt findet als Anhang zum Ciceronianus des Erasmus. Bas. Froben 1528. 8° (Bibl. Rh. Nr. 420). Dort stehen auch noch andere Epitaphia auf Wimpfeling, die seinen Biographen bisher unbekannt geblieben sind. Eine wichtige Nachricht über Wimpfelings Tod in seines Landsmannes Craft Müller Paraleipomena 1537, (B. Rh. Nr. 57); endlich eine darauf bezügliche handschriftliche Notiz des Rhenanus in seinem Exemplar von Hedios Chronik.

ist gar nicht zu finden; ausser Prosper und Lactantius ist uns
überhaupt kein christlicher Dichter begegnet, während die lange
Reihe der Klassiker gegen 30 Nummern aufweist. Auch wissenschaftliche und theologische Unterhaltungslektüre[1]) aus der Feder
humanistischer Schriftsteller ist reichlich vertreten. Selbstverständlich kann nur einzelnes hiervon gelesen worden sein; für eine
nähere Bestimmung fehlen uns alle Anhaltspunkte, da es doch ge-
wagt wäre, die Wimpfelingschen Forderungen ohne weiteres als in
der Schlettstadter Schule erfüllt zu betrachten. Selbst hinsichtlich der
Epigrammata Prosperi, die auf Wimpfelings Empfehlung hin ein
Geistesverwandter Hofmanns, der Rektor von Jung-St. Peter in
Strassburg, Johannes Gallinarius aus Heidelberg, interpretierte[2]), ist
es zweifelhaft, ob sie in Hofmanns Schule wirklich gelesen wurden,
da das vorhandene Exemplar der Rhenanus-Bibliothek absolut
keine Gebrauchsspuren erkennen lässt. — Dass in der Schlettstadter
Stadtschule, was sonst nur selten vorkommen mochte, das Trivium
wirklich zu Ende geführt wurde, wird durch die vorhandenen
philosophischen Lehrbücher aus dieser Zeit bewiesen[3]); da ausser

---

[1]) Autoren wie Bœthius, Grefemundt, Marsilius Ficinus, Prosper, Wimpfeling
u. s. w. (vgl. T. II.).

[2]) Vgl. den interessanten Brief dieses letzteren vor der von Wimpfeling besorgten
Ausg. der Bucolica Bapt. Mantuani. Arg. 1503. [Munsuetissimo viro Conrado
Carolo diue edis petri Junioris Arg. Canonico et scolastico, Rectorique parochialis
ecclesie Sletstatt dignissimo Joh. Budorinus obtemperantiam etc. Ex larario litterario
III. Id. Mart. M. D. iij.). Interpretatus sum hactenus in scolis litterariis iuuenibus
primum (vti par est). Prosperi epigrammata tanquam quædam faciliora, deinde
Wimpfelingij nostri Enchiridiou quod ipse Adolescentiam appellare maluit, libellum
adulescentulis quam oppido utilem, Virgilij praeterea georgica et Plautinas
quasdam comœdias, ethnicis tandem posthabitis Baptiste mantuani pœte theologi et
philosophi nostre tempestatis doctissimi. Er giebt dann seiner Entrüstung über den
scholastischen Grammatikbetrieb, wie er überall noch blühe, Ausdruck: Dii boni quid
porco cum Cithara et cum fidibus graculo. etc. Dieses für die Geschichte des
Strassburger Schulwesens höchst wichtige Schreiben ist bisher nirgends verwertet
worden. Engel (d. Schulwes. i. Strassburg. Strassb. Progr. 1886 S. 33) widmet dem
wackeren Gallinarius überhaupt 2 Zeilen! Auffallend, dass auch Schmidt den Brief
übergeht, während er doch (Hist. littér. I p. XV) das ebendort abgedruckte Epitaph
des Gallinarius auf Crato Hofmann erwähnt. Mir liegt übrigens eine Schmidt unbekannt gebliebene sehr seltene Ausgabe der Buccolica vor: Dauentrie Impensis honesti
Jacobi de Breda x. Kal. April. Anno M.CCCCC.V. 4⁰ got. 6 ff. (Frankf. St. Bibl.).

[3]) Man hat dieses schon aus Sturms Bemerkung, occupabant enim tum adhuc
literarum gymnasia Alexander grammaticus et Petrus Hispanus dialecticus et Tartaretus commentator ... herauszulesen versucht (Strüver S. 26), indessen der Kontext
zeigt, dass Sturm damit nur die mangelhafte humanistische Bildung Hofmanns,
keineswegs aber die Schlettstadter Lektüre und Gebwilers charakterisieren wollte,
denn es folgt unmittelbar (in demselben Satze) et in theologia plus poterant au-
thoritate Scotus et Lyra quam ii ipsi scriptores quos sunt interpretati.

den bekannten Summulae des Petrus Hispanus, die in 3 kommentierten Ausgaben sich finden, auch die logischen Traktate des Albertus Magnus und Armandus de Bellovisu vorliegen. Auch die beiden Exemplare von Boëthius de consolatione philosophie, deren eines die Inschrift 1503 trägt, dürften noch in die Schlettstadter Zeit gehören.

Nach Crato Hofmanns Tode (Ende 1501)[1]) ging die Leitung der Schlettstadter Stadtschule in die Hände eines seiner ehemaligen Schüler, des Hieronymus Gebwiler aus Kaisersberg, über. Um das Jahr 1472 geboren, also etwa 12 Jahre älter als Rhenanus, hatte er in Basel[2]) und Paris[3]) seine höheren Studien gemacht. Dass auch er von dem christlich-humanistischen Bildungsideal seiner Vorgänger erfüllt war, dass er seine Schüler „nicht nur in gueten Kinsten Vnnd lateinisch buchstaben, sondern auch in Christlichen tugenten vndwisen vnnd gelert", dürfen wir aus dem von ihm gelegentlich ausgesprochenen Wunsche entnehmen, es möge, „alle Statt der meinung sein, dass sie Schuelmeister annemen, nicht allein dass sie die buchstaben lernen, sonder auch Christliche vnnd Sittliche tugenten leren, sonder auch nötig zu sein ihre Kinder zur Auffpflantzung gueter Tugenden anziehen, vnnd auch ehrlich besolden. Es liegt nicht wenig daran, dan Aristoteles Spricht wie ein mensch Von jugent erzogen so fert er im alter fort dan die ding so in einem menschen in der jugent wurtzeln, es sein besonders guet, mag im alter nicht ausgerotet werden."[4]) Gebwiler hat sich

---

[1]) Ich setze das von Johannes Gallinarius ihm gedichtete Epitaph hierher, da es noch nicht bekannt geworden:

    Epithaphium grauissimi viri M. Cratonis Vdenhemij Slett-
stattine inuentutis praeceptoris Editum a Joanne Gallinario B.

    Crato iaces gelidus ludi venerande magister
    Te tua nunc gravitas nunquid ad astra vehit?
    Plangunt Heluetij: plangunt te iure Trebotes
    Vangiones Nemetes Hercyniumque nemus
    Te pueri insontes plangunt docilesque iuuentus
    Recta quibus vite vivus amussis eras.
Das von Rhenanus, Schürer, Spiegel, Villinger gestiftete Epitaph ist wiederholt gedruckt worden. (Grandidier: VI. 343; Dorlan: Notic. hist. I. 218; Röhrich: Mitt. III. 95; zuletzt bei Horawitz-Hartfelder S. 619.)

[2]) Schmidt, Hist. littér. II. 159.

[3]) Zuerst von Spirgatis nach Jourdain bemerkt (Beiheft I. 4. Anm. 2. d. Centr. Bl. f. Bibl.-Wes. 1888.): Hieronymus Rebwiler (Hebwiler) dyoc. Basil. (a. a.)

[4]) Chronik des Bürgermeisters Frey (Mitte des XVI. Jahrh.), (wörtliche Auszüge aus der verloren gegangenen Schlettst. Chronik des Hier. Gebwiler enthaltend): „der Stat ursprung und herkomen auch deroselben regiment nach einem alten buche

später als Historiograph und pädagogischer Schriftsteller hervorgethan. Er hat nicht nur die lateinische Grammatik des Cochlaeus, sondern auch Horaz und Plautus und die von Wimpfeling so sehr gerühmte Historia violatae crucis des Theodoricus Gresemundt später für den Schulgebrauch herausgegeben; bemerkenswert ist auch, dass er die (unten zu besprechende) Artificialis introductio Jacobi Fabri Stapulensis in decem Ethicorum Libros Aristotelis sowie die Introductio in physicam paraphrasim desselben Verfassers seinen deutschen Landsleuten bekannt gemacht, endlich auch Fabers Introductiones in die logischen Schriften des Aristoteles[1]) veröffentlicht hat. So zeigte er für klassische Lektüre wie für Philosophie (wohl sein Erbteil von Paris her) in gleicher Weise Interesse. Unter ihm wird Rhenanus seine ersten philosophischen Studien gemacht haben. Interessant ist, was um das Jahr 1508 Bonifacius Amerbach aus Basel von Schlettstadt aus seinem Vater über Gebwilers Lehrweise berichtet: „Wisse, dass unser Magister des Morgens früh den Alexander mit uns treibt; um 9 Uhr lesen wir einige Gedichte aus Horaz, Ovid u. s. w., nach 10 Uhr lesen wir im Mantuanus. Montags schreibt er einige Gedichte hin, die wir in Beziehung auf die Prosodie prüfen müssen; in der vierten Stunde wird wiederholt, was den ganzen Tag über vorgekommen ist"[2]). Nach Sapidus' Bericht (bei Sturm) machte Rhenanus unter Gebwiler bald solche Fortschritte, dass er als Locatus einer

---

so Hieronymus Gebweiler geschrieben". Ueber die Frequenz der Schule zu dieser Zeit, die bekanntlich unter Sapidus' Rektorat nach Thom. Platers Selbstbiographie ca. 900 Schüler betragen haben soll, findet sich folgende interessante Angabe: „Also hatt die Statt Schletstat in 68 Jaren nicht mehr dan drei Schulmeister gehabt Vnnd denen mancher seine fundamenta Vnnd gramatica gelernt Vnnd gewonnen hätt, dan ich selbst bei 30 knaben bei mir in Costen gehabt, welche Vnnd teitsche graffen Vnnd freiherrn, Riter Edel Vnnd UnEdel auch andrer fromer leüt kinder Vnnd sonsten in der Schuelen 250, desglichen andere vor mir auch gehabt, Also das es ein Sondere Zierd der Statt war, Also won man am Sonn- vnd Feirtag mit den Schuelern zu Cohr sang darzu Verzerten die Jungen Knaben nicht ein klein gelt In der Statt, so dem gemeinen Man Vmb die herberg Vnnd in andere sehr nützlich gewesen, dan etwan mehr denn 200 frembte reich vnnd arm . . ."

1) Dieses letztere Werk ist in Schmidts Ind. bibl. (II. 407 ff.) nicht zu finden. Daher hier der vollständige Titel: In hoc opusculo continentur introductiones. In terminos. In suppositiones. In predicabilia. In diuisiones. In predicamenta. In librum de enunciatione. In primum priorum. In secundum priorum. In libros posteriorem. In locos dialecticos. In fallacias. In obligationes. In insolubilia. A. E. per Joannzk (!) Koblouch (!). Anno dni M . D . XVI. Die vero xxj. mensis Novembris. 8°. 48 ff. got. (München. Hof & St. Bibl.)

2) Fechter, Beiträge II 176.

jüngeren Schülerabteilung vorgesetzt wurde „quos non solum docuit verum etiam castigauit".

So hatte denn Rhenanus seine Schulzeit in Schlettstadt aufs trefflichste ausgenutzt; er hatte erreicht, was ihm überhaupt hier geboten werden konnte. Mochte ihn auch der Gedanke an die bevorstehende Trennung vom Vater erschrecken, so konnte der Abschied doch nicht mehr hinausgeschoben werden. Die Mehrzahl seiner früheren Mitschüler hatte Schlettstadt längst verlassen. Jakob Spiegel, Wimpfelings Neffe, fast gleichalterig mit Rhenanus und später mit ihm durch innige Freundschaft verbunden, war schon 1493 abgegangen und war um das Jahr 1503 in dem benachbarten Freiburg mit juristischen Studien beschäftigt, nachdem er in Heidelberg schon Ende der neunziger Jahre, zugleich mit seinem Vetter Johannes Spiegel aus Maursmünster, seinen artistischen Kursus absolviert; auch Paul Sydensticker (Phrygio) studirte damals noch (seit 1499) auf der Freiburger Universität. Mit den etwas älteren späteren Freunden Jakob Villinger und Matthias Schürer, die sonst noch als Schüler Crato Hofmanns genannt werden, kann er nicht mehr zusammen auf der Schulbank in Hofmanns Schule gesessen haben [1]). Die Mehrzahl seiner Genossen aus Hofmanns

---

[1]) Vgl. über die Genannten meinen Jakob Spiegel I und II, über Phrygio und Schürer auch meinen Artikel i. d. Allg. D. Biogr. Hier sei nur bemerkt, dass Schürer nicht in Erfurt, wie Schmidt meint, sondern in Krakau, und zwar von 1489—1494, studirt hat. Die bevorzugte Universität auch noch im XV. Jahrhundert war Paris; die Juristen gingen meist auf eine der italienischen Universitäten, besonders nach Padua und Bologna. Die Acta Nationis Germanicae Universitatis Bononiensis enthalten in den Jahren 1293—1563 über 400 Namen elsässischer Studenten (aus Deutschland überhaupt über 4400). Wie sie dort das römische Recht aus erster Quelle schöpften, so blieben sie auch von humanistischer Bildung nicht unberührt; der Strassburger Kanonikus Petr. Schottus, ein Zögling Dringenbergs, brachte im Jahre 1482 als der erste Elsässer die Kenntnis des Griechischen aus Bologna heim. Es liessen sich noch manche andere Zöglinge der Schlettstadter Schule aus den Bologneser Acta namhaft machen; geborne Schlettstadter habe ich nicht darin gefunden. Von den im Laufe des XV. Jahrhunderts zahlreich entstandenen deutschen Universitäten wurden Ende des Jahrhunderts besonders Heidelberg und Freiburg von den Elsässern bevorzugt. Aus der (ungedruckten) Freiburger Matrikel habe ich mir, abgesehen von zahlreichen Strassburgern, aus der Schlettstadter Gegend angemerkt: 1494 Jacobus currificis de Schletzstat Arg. dyoc. XXV. Sept. — 1494 Conradus wygkram ex tirigkem Basil. dioc. magist. art. paris. prima octobris. — 1497 Johannes Hug de Schletstatt XXVI. Julij (in Heidelberg: 1499. 8. Kal. Apr.). — 1499 Paulus (Sidensticker) de Schletzstat 3ᵃ die Mens. Junij. — 1499 Johannes de Schleczstat 7ᵐᵃ septembr. — 1500 Gabriel surgant de Senehen die 13. Mai. — 1501 Johannes tuefel de Ensessheim. Theobaldus Wetzel de Ensessheim. Henr. Koch de benfelt. — 1502 Sebastianus Stedelin de gemer basil. dioc. studens parisiens. XXI. Aug. — 1504 Johannes Sijg de Brisaco X. Juli u. s. w. Es mögen übrigens manche Namen in der Matrikel fehlen. Von

Schule war aber nach Paris gezogen. Auch Rhenanus entschloss sich, vielleicht durch seinen Lehrer bestimmt, der ja selbst dort studirt hatte, die Pariser Universität zu seiner Weiterbildung aufzusuchen. Bald waren die Vorbereitungen zur Abreise nach der schönen Seinestadt getroffen.

Jac. Spiegel darf dies fest behauptet werden. Die Heidelberger Studenten kann man aus Töpkes trefflicher Matrikel leicht zusammenstellen oder auch darüber das aus Töpke excerpierte, ebenso anspruchsvolle als wertlose und, was die mitgeteilten biographischen Notizen betrifft, auch vielfach unrichtige Buch von Ristelhuber (Heidelberg et Strasbourg. Paris 1888) nachlesen. — Bemerkt sei noch, dass Wimpfeling, so sehr er die vernünftige Lehrweise der Italiener lobt, und gelegentlich auch von den Pariser Theologen mit Respekt spricht, doch keineswegs von der fortdauernden Sucht der deutschen Jugend, im Auslande ihre Schulweisheit einzukaufen, erbaut ist. Wenn man das von ihm empfohlene Lehrverfahren beherzige, meint er, werde die deutsche Jugend auch auf deutschem Boden die angeborene „Barbarei" abstreifen können, quam si Latium cum maiori sumptu defatigata et ab evangelicis forsitan moribus auulsa petiulsset. Mit Stolz zählt er eine glänzende Reihe von Männern auf, die lediglich in Deutschland ihre Bildung erworben (Diatr. c. VII). Aber auch aus volkswirtschaftlichen Gründen erhebt er seine warnende Stimme, da die „rectoratus Italici" ebenso wie die leidigen „annatae Romanae" ungeheuren Schaden dem deutschen Wohlstande bringen. (Agatharchia. 1498. Fol. bijb.) Und doch beklagt der wunderliche Mann es gelegentlich wieder an anderem Orte, dass es ihm niemals vergönnt gewesen sei, Italien zu schauen. „Italiam enim nunquam prohdolor vidimus" (de nuntio angelico. 1494).

II.
Auf der Universität.

„Anno 1503. septimo Kalendas Maias: hoc est in die festo diui
Marci euangeliographi, die vicesima quinta mensis Aprilis ex lare
patrio solui uenique ad celeberrimam parrhisiorum vrbem:
septimo Idus Maias hoc est eiusdem mensis die nono"[1]).
Das Weh des Abschieds, aber auch die staunende Bewunderung, mit welcher der Jüngling die gewaltige Weltstadt Paris be-
grüsste, liegen in diesen schlichten Worten. Man kann sich denken,
welchen Eindruck das ungeheuere Häusergewirr, das bewegte Treiben
der Menge in den Strassen auf den lebhaften, aus kleinstädtisch
beschränkten Verhältnissen heraustretenden Jüngling machte. Dazu
der imponierende Glanz der altberühmten Universität, die, wenn sie
auch nicht mehr wie einst als seminarium der ganzen Christenheit
gelten konnte, doch um diese Zeit noch immer hunderte von Mit-
gliedern, Magister und Scholaren, aus aller Herren Ländern zählte.
Welch stolzes Bewusstsein, ein civis academicus Universitatis Parisiensis zu sein! Wie Bologna und Orléans und andere ausländische
Universitäten so hatte auch die Pariser Hochschule ihre „deutsche
Nation", wo Landsleute in Menge, auch solche aus der näheren Heimat
zu finden waren. — Zunächst galt es, sich eine Wohnung zu suchen,
d. h. in eines der zahlreichen Kollegien sich als Pensionär aufnehmen
zu lassen, wo gleichalterige Studiengenossen in beschränkter Zahl
zusammenlebend, nicht nur gemeinsamen Tisch hatten, sondern auch
gemeinschaftlich die Studien betrieben. Denn immer mehr hatte
in jener Zeit der akademische Unterricht zu Paris den Charakter
einer in den Kollegien erteilten Privatunterweisung angenommen,
wenn auch die in früheren Zeiten besonders wichtigen allgemeinen
Vorlesungen der artistischen Professoren in der „Strohgasse" (vicus

---

[1]) Eigenhändige Bemerkung Rhenans, auf der Innenseite des hinteren Deckels
seines Exemplars von Fabers Ausg. des Organon (Nr. 23bis), inmitten unentwirrbarer
gelegentlicher Schulnotizen, quer eingeschrieben.

22

stramineus) um die Zeit, als Rhenanus in Paris seine Studien trieb, noch keineswegs ganz aufgehört hatten¹). Die Leitung eines solchen Kollegiums lag in den Händen des Magister principalis oder primarius (paedagogus), dem wieder seine von ihm besoldeten Hauslehrer, die magistri regentes und submonitores (non regentes) zur Seite standen²). Das Leben in diesen Pensionaten bildet im allgemeinen ein wenig freundliches Bild; gewissenlose Ausbeutung und Vernachlässigung der Schüler seitens der Lehrer, manchmal auch brutale Anwendung der Prügelstrafe, Mangel an Disciplin auf Seiten der Schüler; in den wenigen Kollegien, wo es rechtschaffen zuging, war allerdings reichliche Gelegenheit zum Studium geboten, da etwa 11 Stunden des Tages, von morgens 4 bis abends 9, den Vorlesungen und Exercitien gewidmet sein sollten³). — Der philosophische Unterricht selbst bewegte sich im ganzen noch in den alten scholastischen Bahnen, wenngleich einzelne selbständige Naturen, die von dem Hauche der klassischen Studien nicht unberührt geblieben, sich bereits ihre eigenen Wege suchten, indem sie mit Beseitigung der mittelalterlichen Kommentarien und summulae auf den gereinigten Aristoteles zurückgingen und die Auswüchse der traditionellen Methode beschnitten. Aber auch ihre Philosophie war Scholastik, indem sie nicht die freie Wissenschaft lehrten, sondern sich auf die Erklärung der kanonisch verehrten Bücher des „Philosophen", d. h. des Aristoteles und seiner älteren Erklärer Porphyrius und Boëthius beschränkten. — Der philosophische

¹) Thurot (de l'organisation de l'enseignement dans l'université de Paris au moyen-âge 1850) p. 98 scheint dies anzunehmen: C'est ainsi que l'enseignement fut transporté peu à peu de la rue du Fouarre dans les pensionnats. Déjà, en 1460, la plupart des régents de la Nation de France enseignaient dans les pensions. Les leçons de la rue du Fouarre continuèrent pourtant jusqu'à la fin du XVᵉ siècle. Entre 1477 et 1483, la Nation Picarde distribuait encore les écoles à ses régents, suivant l'ancienne coutume u. s. w. — vgl. dagegen S. 32.

²) Thurot weicht von Fechter, dessen Abhandlung über das Studienleben in Paris zu Anfang des XVI. Jahrh. (Beitr. z. vaterl. Gesch. v. Basel 1846, S. 159 ff.) er nicht gekannt, im einzelnen mannigfach ab, was begreiflich erscheint, da die Universitätsakten bei der beständig weiterschreitenden Umbildung ursprünglicher Verhältnisse wenig Positives geben. So kennt Thurot p. 95 nur pédagogies mit dem pédagogue an der Spitze, während Fechter (S. 156) das die Grammatisten aufnehmende Pädagogium von dem für die älteren Schüler bestimmten Kollegium unterscheidet.

³) Vgl. den Stundenplan des Kollegium Montaigu bei Thurot S. 99. Wie sehr Erasmus über das Elend seiner Pariser Studentenzeit klagt, ist bekannt. Ueber die mannigfachen Schäden des Kollegienlebens geben die von Fechter benutzten, teils im Auszuge mitgeteilten Briefe der Amerbach, die als grosse „Portionisten" im Kollegium der Lexovier lebten, merkwürdige Aufschlüsse.

Lehrkursus selbst umfasste damals einen Zeitraum von $3^1/_2$ Jahren, der wieder in zwei durch je ein Examen bezeichnete Abschnitte zerfiel. In den ersten Semestern stand die Aristotelische Logik, in den letzten die Ethik im Vordergrunde des Interesses, doch waren auch die naturwissenschaftlichen Schriften des grossen Philosophen zum Teil für die Examina obligatorisch; Arithmetik (practica s. algorismus und speculativa) wurde nach Euklid, Boëthius und neueren Meistern getrieben; als astronomisches Lehrbuch stand die Sphaera mundi Joannis de Sacro Busto in kanonischem Ansehen[1]. Falls der Student auf Erwerbung der akademischen Grade reflektierte — und das that wohl die grosse Mehrzahl —, musste er sich nach zweijährigem Studium der „Determination", das heisst dem Baccalaureatsexamen, unterziehen. Jetzt erst war der für die höheren Studien vorbereitende Unterricht beendet, also etwa ein unserem Abiturientenexamen gleichwertiger Abschluss erreicht, indem der Baccalaureus jetzt zum Beginn des Fachstudiums in eine der drei oberen Fakultäten eintreten, oder den artistischen Kurs weiter verfolgen konnte, den er dann nach weiteren $1^1/_2$ Jahren geregelten Studiums mit Erwerbung der Licenz und feierlicher Promotion abschloss.

Es hat seine besondere Schwierigkeit, das Mass der auf der Pariser Universität bei den Examina verlangten Anforderungen für e i n e b e stimmte Zeit festzustellen, da die Universitätsstatuten nicht einen bis ins einzelne ausgearbeiteten Lehrplan, wie wir ihn durchgängig bei den jüngeren Universitäten finden, sondern nur Nachträge und Abänderungen als bekannt vorausgesetzter Satzungen bieten. Aus Bulaeus[2])

---

1) Vgl. die Lehrbücher im Teil II.

2) Histor. Univers. Parisiensis. Paris. 1673. Das Beste ist aus t. V f⁰· 658 zu entnehmen: Wer zum eigentlichen philosophischen Kursus zugelassen werden wollte, hatte zunächst ein Tentamen in Grammatik und Rhetorik, wohl auch im Griechischen (!) und der Verskunst zu bestehen: admissus per biennium lectiones dialecticas et alias statutis contentas audiebat priusquam ad determinandum in artibus posset procedere. Determinabat in scholis suae nationis et probe ab examinatoribus tentatus gradum Baccalarii consequebatur. Eo autem anno quo quis fiebat Baccalarius in artibus, licentiari non potuit (eine Bestimmung, die im Juni 1503 wiederholt eingeschärft wird: t. VI f⁰· 2), ad quem gradum consequendum duo erant subeunda Examina, unum privatum per Tentatores s. Examinatores quos vocabant in Cameris, quo facto Licentiandus Actum Quodlibetarium in aede San-Juliacensi propugnabat, alterum publicum, per Examinatores Quattuor Nationum cum Cancellariis etc. etc. folgt eingehendere Auseinandersetzung des vorgeschriebenen Verfahrens beim Examen, woraus für unseren Zweck nichts zu gewinnen ist. Wesentliche Nachträge in verschärfendem Sinne bieten die Bestimmungen der „deutschen Nation" (V f⁰· 646 sq.), aus denen wir nur die Notiz hervorheben, dass der Bacca-

und Jourdain[1]) lässt sich nicht viel Positives gewinnen; auch Thurots Darstellung ist höchst unvollständig und zuweilen recht unklar. Es ist dies für unseren Zweck ganz besonders zu bedauern, da wir hierdurch ein wesentliches Mittel zur Nachprüfung einer wenig glaubwürdig klingenden Nachricht über Rhenanus' Promotionen entbehren, wonach derselbe schon 1503 den Grad eines Baccalaureus, 1504 denjenigen eines Licenciatus erworben haben soll[2]). Budinsky, dem wir diese Nachricht verdanken, schliesst daraus, dass Rhenanus wohl schon 1502 nach Paris gekommen sein müsse. Dass dies unrichtig ist, geht aus der am Anfang dieses Kapitels mitgeteilten authentischen Aeusserung des Rhenanus selbst hervor. Gegen Budinskys Nachricht sprechen ausserdem so gewichtige anderweitige Erwägungen, dass ich für meine Person die Richtigkeit derselben in Frage stellen muss.

1. Die Meldung zum Baccalaureatsexamen setzte einen vollen zweijährigen Kurs voraus (vgl. S. 23. a. 2.). Die Bestimmungen der „deutschen Nation" fügen der genannten Fakultätsverordnung noch ausdrücklich als Zusatz hinzu, dass keiner als Baccalariandus zugelassen werden dürfe: nisi eum constet a festo B. Remigij anni praecedentis suum studium Parisiis in Artibus continuasse vel saltem huius temporis duplum in aliia privilegiata Universitate iam habuisse, de qua

___

lariandus von jedem der vier Examinatoren in grammaticalibus et in parvis Logicalibus zu prüfen sei; in aliis vero libris Porphirii et Aristotelis examinetur per ordinem ita tamen quod quilibet in unoquoque librorum unam ad minus habeat quaestionem. Auch schärft sie ganz besonders die bekannte Bestimmung nochmals ein, dass überhaupt niemand vor der gesetzlichen Zeit zum Examen zugelassen werden dürfe.

1) Carol. Jourdain. Index Chronologic. Chartar. pertinentia ad. histor. Univers. Paris. Paris 1862. 2⁰.

²) Budinsky, d. Univers. Paris u. d. Fremd. a. derselb. S. 121: 1503 Baccal. art. (A. U. R. LXXXV f⁰ 56 v⁰. — 1504 Licent. f⁰. 70. v⁰.). Dieser bestimmte Hinweis auf die Akten scheint keinen Zweifel zuzulassen. Wer indessen Budinskys Arbeit genauer prüft, wird finden, dass in dem den 4. Teil seines Buches ausmachenden Verzeichnis der „hervorragenden" fremden Lehrer und Schüler der Pariser Universität i. M. A. überhaupt viel Unrichtiges steht. Abgesehen von dem, was er sonst über Rhenanus als Selig Bild (wohl nach der wunderlichen Theorie Mühly's) schreibt, vgl. man z. B. die Artikel Jac. Sturm, Sapidus, Petrus Schottus, Mich. Hummelberg etc. Weit wertvoller wäre es gewesen, wenn er nicht Allgemeinheiten über beliebig ausgesuchte „hervorragendere" Männer, sondern für einen gewissen Zeitraum einen Abdruck der Matrikel selbst gegeben hätte. Ueber den Wert derartiger Mitteilungen ist man doch heute wohl anderer Ansicht, als Budinsky, dem Vorworte nach zu schliessen, zu sein scheint.

tamen iuxta Statuta fidem faciat in plena natione. Wer in den philosophischen Kurs eintreten wollte, hatte sich daher circa festum B. Remigij (1. Oct.) in die Register der „Nation" eintragen zu lassen; dieser Tag der Eintragung allein ist für die Anrechnung der nun folgenden obligaten Studienzeit entscheidend.

2. Der Baccalariandus musste, abgesehen von anderen Anforderungen, bei seiner Meldung zum Examen beschwören, den vollständig vorgeschriebenen Lehrgang der Logik abgemacht zu haben. — Es steht aber fest, dass Rhenanus in Schlettstadt nicht über die summulae des Petrus Hispanus hinausgekommen ist und erst in Paris, im Sommer 1503, mit dem Studium des Organon begonnen hat (vgl. u. S. 29 f.).

3. Da die in drei Stationen zu absolvierende determinatio mit einer vor Weihnachten stattfindenden disputatio begann und erst in der Fastenzeit des folgenden Jahres durch weitere Disputationen ihren Abschluss fand (das eigentliche Examen fiel Ende Januar oder Anfang Februar), so hätte Rhenanus überhaupt im Jahre 1503 nicht mehr das Baccalaureatsexamen abschliessen können. Er kann also unmöglich im Jahre 1503 schon als Baccalaureus eingeschrieben sein.

4. Die Licentianden mussten bei der Meldung zum Examen schwören, mindestens 21 Jahre alt zu sein. (Thurot p. 52.)

5. Es wäre seine Absolvierung des philosophischen Kurses in einem so abnorm schnellen Tempo erfolgt, dass kaum ein zweites Beispiel sich finden dürfte [1]).

Es liessen sich noch Erwägungen allgemeiner Art geltend machen; das Gesagte wird aber ausreichend sein, an der Richtigkeit der von Budinsky gegebenen Nachricht gegründete Zweifel zu erwecken. Grössere Wahrscheinlichkeit dürfte nachstehende Vermutung haben, die wenigstens weder mit den Bestimmungen der Pariser Reglements noch mit demjenigen, was wir über Anfangs- und Endpunkt seines Pariser Aufenthalts wissen, im Widerspruch

---

[1]) Man vgl. z. B. den Studiengang zweier ehemaligen Schlettstadter Freunde Rhenans, die gleichzeitig mit ihm in Paris studierten, den des Bruno (geb. 1485) und Basilius (geb. 1488) Amerbach aus Basel: Mai 1497 nach Schlettstadt, 1500 auf die Universität Basel, 1501 nach Paris, 1503 Zulassung zum philosophischen Kurs nach absolviertem Tentamen. 1505 Baccalaureat, 1506 Licenz und Magisterium. (Nach Fechter.)

steht: 1503 Uebersiedelung nach Paris, 1505 (vor Weihnachten) Anfang der determinatio, 1506 (Fastenzeit) Beendigung derselben. 1507 (Februar) licenciatus und (Spätherbst) Magister. Rückkehr in die Heimat[1]).

Unter der grossen Zahl der Pariser Magister, die damals den Aristoteles erklärten, war Jacobus Faber Stapulensis (Le Fèvre aus Étaples i. d. Picardie) weitaus der bedeutendste. Um das Jahr 1450 geboren, in Paris zunächst scholastisch gebildet, doch zugleich auch schon den klassischen Studien mit Ernst und Liebe zugewandt, hatte er in Italien die Alten an der Quelle studiert und mit dem gereinigten Aristoteles zugleich auch den Alexandrinischen Platonismus der italienischen Renaissance kennen gelernt. Aber auch auf italienischem Boden war ihm Aristoteles der eigentliche Philosoph, der untrügliche Meister in jedem Zweige menschlicher Erkenntnis geblieben: Fuit namque in logicis rationalis subtilissimus, in physicis mundanus philosophus, in ethicis totus prudens et activus, in politicis iurisconsultus, in metaphysicis sacerdos atque theologus[2]). Mit Aristoteles - Texten reich beladen war er in die Heimat zurückgekehrt, um den staunenden Zeitgenossen den wahren Aristoteles zu offenbaren. Mit den unverdaulichen mittelalterlichen Kommentaren zugleich wurde die überkommene, barbarische Schulterminologie beseitigt; er hat den griechischen Philosophen zuerst „lateinisch reden" gelehrt [3]), und wenn er auch selbst in die Tiefen der peripatetischen Philosophie nicht eingedrungen ist, sondern „das Schönste und Verständlichste gleichsam oben abschöpfte" [4]), so hat er doch in

---

[1]) Dieser Zeitpunkt lässt sich annähernd bestimmen: 1) Der Band Nr. 271. enthaltend Guilhermi Parisiensis de Claustro anime (Paris, Henr. Stephanus, Anno domini 1507, decima septembris) trägt folgende Inschrift: „Attuli mecum ex vrbe Parisiorum". 2) Seine Anwesenheit in Strassburg ist am 8. Januar 1508 bezeugt. (vgl. die Inschrift von Band Nr. 26: „Anno M.D.VIII. sexto Idus Januarias. Argentorati". Die Dedikationsepistel zu den Exempla Sabellici. Arg. Schürer 1509. kann nicht herangezogen werden, da dieselbe nicht am 31. Dez. 1507, sondern 1508 ausgestellt ist. [Helveti pridie Calend. Januar 1508]).

[2]) Jacobi Fabri Stapulensis Ars moralis 1499. fo. ag.

[3]) Joh. Molinaris a. Faber in Caroli Bovilli Metaphys. introd. (1503): qui primus in hac achademia extiteris, qui philosophiam latine loqui docuisti, qui veram ac integram ac nitore splendicandentem philosophiam restauraati, eliminata omni verborum barbarie etc. — Erasmus charakterisiert Fabers Latein allerdings etwas anders im Ciceronianus: vir prudens et doctus sed qui theologice dicere maluit quam Tulliane.

[4]) Vergl. K. II. Graf, Jacobus Faber Stapulensis. Ein Beitrag z. Gesch. d. Reform. i. Frankreich. (In Niedners Zt. f· hist. Theol. 1852. S. 10.) Der Verfasser

weiten Kreisen anregend gewirkt, und durch fassliche Einleitungen,
Kommentare und Paraphrasen ein besseres Verständnis der aristotelischen Philosophie erschlossen. In den überschwänglichsten
Worten wird Faber von den Zeitgenossen gefeiert; was er für den
Aristoteles gethan, meint Rhenanus, gehe weit über die Verdienste
eines Hermolaus Barbarus und Argyropulos hinaus[1]. Ja, noch
Grösseres habe er unternommen; er habe die Theologie selbst in
ihrem alten Glanze wieder hergestellt: laudabile quinpotius divinum
institutum, qui inferiora ad superiorum assecutionem ordinata esse
agnoscens gradus ipsos quibus ad summum ascendas prius rite
disposuit[2]. Faber ist ihm nicht nur vir ex omni aevo incomparabilis
omniumque disciplinarum uberrimus fons, sondern gradezu der
„Gott unter den Philosophen", und auch Trithemins meint, Faber
sei nur darum auf Erden erschienen, dass er die erstorbene Wissenschaft wieder erwecke[3].

Rhenanus scheint frühzeitig in nähere Beziehungen zu dem
grossen Meister getreten zu sein. Faber ist ihm so sehr der lei-
tende Führer in der Pariser Studienzeit geworden, dass kaum ein
anderer massgebender Einfluss in dieser Entwicklungsepoche des
jungen Studenten zu verspüren ist. Nicht nur, dass Faber ihn gelehrt, in Aristoteles den Inbegriff aller Menschenweisheit zu ver-
ehren, in dessen Werken beschlossen sei, was menschliche Ver-
nunft überhaupt zu erreichen vermöge: er hat ihn auch zu jener
christlich-philosophischen Weltanschauung erzogen, die ihn selbst
im Irdischen nur das Himmlische suchen liess. Philosophie ist
nicht Weisheit schlechthin, sondern „christliche" Lebensweisheit;
Aristoteles ist der „Philosoph", weil er „christlich" ist. Darum
wird auch der Mensch um so tiefer in die Geheimnisse der Philosophie dringen, je „christlicher" er von Natur gestimmt, je mehr
er von Hause aus zum sittlich Guten geneigt ist[4]. Philosophie ist
des Menschen innerstes Bedürfnis, sie ist die wahre „Seelen-

---

würdigt ihn dort weniger in seiner Bedeutung für die Philosophie als für die
Theologie seiner Zeit. Auch in der älteren Dissertation desselben Verf. (Essai sur
la vie et les écrits de Jaques Lefèvre d'Etaples. Thèse. Strasb. 1842) tritt dieser
letztere Gesichtspunkt als der bestimmende hervor.

[1] Rhenanus a. Joh. Reuchlin 10. Nov. 1509 (Briefw. 8. 24).
[2] Rhenanus a. Mich. Hummelberg 30. Juli 1509 (Briefw. 8. 22).
[3] Trith. De script. eccles. Paris 1512 fo. 215: Ad hoc unum videtur natus, ut
palaestrae literariae consulat, bonas artes instauret etc.
[4] „Quorum natura melior eorum quoque facilior intellectus quam quorum de-
terior." Handschriftl. Bemerkung in Bibl. Rhen. Nr. 5.

arznei"[1]) : die Vorschriften der Philosophie befolgen heisst wahrhaft glücklich sein. „Philosophi", merkt sich der junge Rhenanus an, „verissimas leges dederunt secundum quas si homo viveret dummodo sciret se in illo deo placere beatus evaderet". Gewiss, auch in anderen Philosophen ist dieser Funke göttlichen Geistes zu spüren: auch Plato und die Platoniker[*]), ja selbst jüdisch-alexandrinische Philosophen[³]) bleiben daher dem eifrigen Studenten nicht fremd — aber alle sind doch nur stammelnde Stümper gegen den einzigen Aristoteles, der als wahrer Prophet der göttlichen Weisheit die tiefsten Tiefen alles Wissens und Erkennens offenbarte. — Das ist der Rhenanus der Pariser Jahre. Auch später ist ihm dieses Ideal wahrhaft christlicher Lebensweisheit geblieben; doch hat sich im Wandel der Jahre seine innere Stellung zu Aristoteles wesentlich verändert. Und zwar hat sich dieser Umschwung seiner Gesinnung unter dem Einfluss Conos vollzogen, der ihn belehrte, dass nicht Aristoteles, sondern Plato der „göttlichere", der wahrhaft „christliche" Philosoph sei[⁴]). Um das Jahr 1518 schon ist ihm Plato philosophorum κορυφαῖος geworden, während er den einst so ver-

---

[1]) „Est enim ut corporis medicina ita animae philosophia perfectio." (Themistius primo Physices.) Handschriftl. Bemerkung in Bibl. Rhen. Nr. 188.

[*]) Dies beweist u. a. auch ein kurzer handschriftlicher Auszug aus Apuleii Madaurensis De dogmate Platonis (Nr. 227), beginnend: „Refert Apuleius Madaurensis in libro de dogmate Platonis Platonem tres animi partes posuisse: rationabilem primam et mentis optimam portionem etc. etc."

[³]) So findet sich in Nr. 227: Phocyllidis poëma admonitorium (fast 7 engbeschriebene Seiten umfassend) von seiner Hand. Vorausgeschickt sind: Versus in Phocyllidem Grecum sapientem Quos Aldus Manutius latina colonia donauit non tamen metrice legi subiugavit:

Phocyllides decentem vivens vitam
Vt Christi discipulus.
Vt Apostolus Magnus.
Vt auditor dei Vaticiniorum
Et Antistes optimorum operum
Euangelice hec scribit et dicit
Vtilia existentia ijs qui in vita.
In euodem alteri.
Hec iustitja sanctis sanctis dei Consilia declarat
Phocyllides virorum sapientissimos: diuina dona.

[⁴]) Vgl. die Dedikation v. Gregorii Nysseni opp. Arg. 1512: Id dumtaxat te hortari duxi, ut cum Peripatetica philosophia a tuo eleganti et docto Fabro sis institutus imbutusque, Gregorium hunc beatum pontificem et verum philosophum beate legas, huius innitaris sententiis, cuius profecto philosophia beatiorem te ceteris etbnicis philosophia reddat. Nec tamen cum huic incubueris, pristina tua philosophia frustrabere aut relegare cogeris, verum tam humana quam divina certius beatiusque

ehrten Aristoteles nur noch ironisch „non pessimum forsan philosophum sed tamen gentilem" nennt; ja, im darauffolgenden Jahre hat er selbst eine Ausgabe eines eklektischen Platonikers geliefert, deren Vorrede, wie sie der Absagebrief an Aristoteles ist, den Heiden Plato als den wahrhaft „christlichen" Philosophen feiert (soweit diese Bezeichnung überhaupt einem Heiden gewährt werden könne), der zuerst das wahrhaft christliche Wort gesprochen, dass auch dem Feinde zu verzeihen sei [1]).

Sehen wir uns nun den jungen Studenten bei seinem Studium selbst an. „Qui e nuce nucleum vult, frangat nucem; qui quaerit commodum, a labore ne abhorreat"[2]). Dieser Satz, den er selbst auf das Titelblatt seines Exemplars der Aristotelischen Ethik geschrieben, ist sein Wahlspruch für die Lehrjahre geblieben. Kaum hat es jemals einen eifrigern Studenten gegeben. Mit ernstem Fleiss und frommem Sinn, unbeirrt durch die Verlockungen der vergnügungssüchtigen Hauptstadt, strebt er der Verwirklichung seines Ideales zu. Klar steht ihm das Ziel seines Strebens vor Augen, aber auch die Erkenntnis der menschlichen Schwachheit ist ihm nicht fremd; nicht im Schlafe wird uns die Siegespalme zu teil. „Ist es nicht lächerlich", ruft er aus, „dass der Mensch, nach vergänglichem Gute haschend, in kühnem Wagen über die Säulen des Herkules hinaus bis in die fernsten Meere vordringt, während er der Philosophie zuliebe auch nicht eine einzige Stunde seines süssen Morgenschlafes opfern möchte!"[3])

Zunächst galt es, sich der Aristotelischen Logik zu bemächtigen. Die hochgeschätzte Ausgabe Fabers, mit fasslicher Paraphrase und kurzem Kommentar ausgestattet, ist wohl das erste Werk, das er sich in Paris zu diesem Zwecke erstand[4]). Schon der Titel lässt

---

ex isto intelleges, uberiorique foenore etiam Platonis divini dogmata cum Aristotelis intueberis, quae ille una cum fratre suo Magno Basilio et ceteris gravissimis sui aevi scriptoribus amplexatus coluit et praedicavit, tanquam diviniora magis et philosophiae christianae accomodatiora καὶ μακαρας ιζομίνη πολλοῦ.

1) Dedikationsepistel zu Maximi Tyrii Philosophi Platonici Sermones. Bas. 1519: „Quid christianus, quam illatam iniuriam non reliare? At nonne hoc docet Plato"?

2) Handschriftl. Bemerkung in Bibl. Rh. Nr. 188.

3) Bibl. Rh. Nr. 5. „Philosophia (ut Politianus in Lamia sua inquit) vigilantibus et non dormientibus se ingerit. Nos autem ita ridiculi sumus, ut vilissimae aeruginis gratia etiam trans Herculis columnas etiam ad Indos nauigemus: philosophiam vero ut adipiscamur ne per hiemem quidem vigilias saltim pauculas toleremus". — Vgl. daselbst noch andere dicta prorsus aurea (aus Archytas v. Tarent, Alexander von Aphrodisias u. a.).

4) Bibl. Rh. Nr. 23 bis (Teil II. Nr. 70). vgl. o. S. 21. a. 1.

den Geist des Buches erkennen. „Eilet herbei, o Jünglinge", mahnt der Verfasser dort, „aus diesem Werke des Aristoteles, als der reinsten Quelle wahrer Weisheit, zu schöpfen. Fliehet die unseligen Kommentatoren, wie Trinakrias giftige Lagunen. Denn daraus ist alles Unheil der Wissenschaft erwachsen, dass man, den Autor selbst vergessend, in den Fabeln der Glossatoren die Weisheit suchte. Darum seid beraten, ihr Jünglinge; nur die wahre Dialektik kann als Grundlage echter Wissenschaft gelten; die unzertrennliche Begleiterin der echten Wissenschaft aber ist die Tugend". In der Vorrede selbst legt der Verfasser den Hauptnachdruck auf die richtige Erkenntnis des Gegenstandes und seiner Grenzen ; es sei ein alter Missbrauch, in der Logik Dinge auszupacken, die mit logischer Wissenschaft überhaupt nichts zu thun hätten. Wer ferner die in der Natur des menschlichen Erkennens liegenden Schranken nicht beachte, der gleiche dem kompasslosen Schiffer in der Brandung der Wogen, dessen Schifflein am Felsenriffe zerschelle.

Das Werk selbst, den vollständigen Lehrkursus der Aristotelischen Logik enthaltend, wird eröffnet durch die mit dem Organon in untrennbarer Verbindung stehende Isagoge des Porphyrius, und zwar so, dass auf den Text zunächst eine kurze klare Hervorhebung des Hauptgedankens und seiner Teile, dann erst die erklärende Paraphrase folgt. Im ersten Teile, „que loqui, eloqui, proloqui docet" (Lib. praedicamentorum; peri hermeneias I & II) werden sodann die Formen der Begriffe und die entsprechenden Existenzformen, im zweiten Teile, der Analytik, „que iudicare docet" (primus priorum, secundus priorum; primus posteriorum, secundus posteriorum) die Definitionen, Einteilung und Erkenntnis der Principien, im dritten endlich, „que docet argumentare" (Topica, Elenchorum I & II), die dialektischen Schlüsse und die Trugschlüsse der Sophisten mit ihrer Auflösung abgehandelt.

Das Buch ist von Rhenanus nicht nur einmal, sondern wiederholt vom Anfang bis zum Ende durchgearbeitet worden, wie sich aus der Verschiedenheit der Schriftzüge und der Tinte der massenhaft eingestreuten handschriftlichen Randbemerkungen deutlich erkennen lässt. Auch die dem Exemplare beigebundenen, zur Aufnahme nachträglicher mündlichen Bemerkungen bestimmten Blätter sind mit Auszügen aus dem Text, Übersichten und Erklärungen in buntestem Durcheinander bedeckt. Man sieht, wie er, Feder und Zirkel in der Hand, sich bemüht hat, zu klarem Verständnis und richtiger Erkenntnis des Gehörten durchzudringen. So macht sich der junge Student z. B. das Verhältnis des Autors und seiner Bearbeiter durch nachstehendes Schema klar:

Logice auctor

primarius	— Aristoteles
secundarius	— Boetius
translator	— Boetius
paraphrastes	— Jacobus Fa. Stapulensis
isagogicus	— Porphi.
interpres	— Georgius (Bruxellensis). Egidius Romanus. Burleus. Occam.

Interessante Lesefrüchte, auch aus anderen Autoren, finden sich mehrfach eingestreut: „In omnibus disciplinis veritas pro doctore est habenda." — „Quelibet forma unitas quedam est." — „Cognitio in omni exquisitione caput origoque" (Themistius). — „Vno inconveniente dato multa contingunt, et ex uno errore facile multi surgunt" u. s. w.[1]). Man darf annehmen, dass das Buch vom Verfasser seinen Vorlesungen zum Grunde gelegt wurde, doch pflegte Faber auch, wie ein auf uns gekommenes Kollegienheft des Rhenanus zeigt, hier und da ein kurzes einleitendes oder erweiterndes Diktat zu geben.

Es sei gestattet, auch in dieses interessante Kollegienheft[2]) noch einen flüchtigen Blick zu werfen. Das ziemlich unleserlich geschriebene Heft, welches die Signatur trägt: „Est Beati Rhenani Schletstattini Anno Super sesquimillesimum quinto. Parrhisijs. ma. pro" beginnt mit folgender merkwürdigen Einleitung: „Aristoteles

---

[1]) Auch auf vielen Titel- und Deckelblättern finden sich derartige Kernsprüche angebracht; sie bekunden seine Vorliebe für epigrammatische Fassung und Zuspitzung allgemeiner Wahrheiten, sind aber auch für seine Auffassung sittlicher und wissenschaftlicher Probleme, somit für die Erkenntnis seiner Individualität charakteristisch. Schon in dem oben besprochenen Schulhefte des vierzehnjährigen Lateinschülers finden sich derartige Lesefrüchte, u. a. der für den Nationalökonomen interessante Satz: „Quod non capit Christus, capit fiscus." — Andere sind: „In tempore adire omnium est maximum." — „Necessitas feriis caret" (Cato). — „Vita nostra umbre somnium" (Pindarus poeta Graecus).—„Vota movent superos" (Propertius libr. IV. eleg. vltima). — „Virtuti fortuna dat suffragium" (Pacatus Panegyrista).—„Socrates poeta graecus hanc veritate veriorem sententiam protulit: ‚Hic nihil occule quando cuncta tuens et. Et cuncta audiens omnia reuelabit dies'". — „Omnis sermo latinus quattuor constat: ratione, vetustate, auctoritate, consuetudine." — „Quam quisque novit artem in hac se exerceat" (Tullius in quest. Tu.). — „Tanta est auctoritas vetustatis ut inquirere in eam scelus sit" (Lactantius Firm.). — „Tullius eloquentiae fons uberrimus." — u. s. w.

[2]) Bibl. Rhen. Nr. 435. MS. gr. 4⁰. Paulsen a. a. O. S. 18 a. 1 scheint anzunehmen, dass überhaupt nicht nachgeschrieben worden sei.

et Parmenides primi sunt philosophorum qui perfectam dyalectices consecuti sunt intelligentiam. Aristoteles enim illo nomine vocatus est propter virtutum constantiam et multitudinem. Nam dicitur Aristoteles ab „Aris" quod est virtus et „sto, stas" quasi „constans". In virtutibus quarum ipse Aristoteles praecipuus erat cultor vocatus est Aristoteles „philosophus", quod quidem nomen licet pluribus conveniat: ipsi tamen soli per Antonomasiam convenit: qui omnium maximus fuit philosophiae amator etc. etc. Es folgen sodann verschiedene Bemerkungen zur Logik, und zwar zu den Quinque voces Porphyrii, wie zu den Analyticorum, Topicorum, Elenchorum, die durch ihre Form zeigen, dass sie wirklich als Diktate zu fassen sind (z. B. schliesst der Abschnitt über die Isagoge mit den Worten: „Dictatorum in quinque praedicantes voces finis". An anderer Stelle: „Pro exactiori primi libri Elenchorum Sophisticorum Declaratione paucula quaedam notanda" u. s. w.). — Auf den logischen Teil folgen Diktate zur Physik, und am Ende dieses Abschnitts dann das Datum: „Parrhisijs. In ‚cardinali Monacho'[1]) Hec in physicen Aristotelicam Introductio lecta est et a me Beato Rhinow litteris mandata." Der dritte Teil enthält Diktate zur Metaphysik: „Parrhisijs Anno 1504. Cardi Mo.". Den Schluss machen 15 Thesen, die Analogiae betreffend, die aber durch eine übergeschüttete Flüssigkeit fast vollständig verlöscht sind; nur weniges ist noch zu entziffern (z. B. Nr. 11: „Aristoteles fatetur se per analogiam secreta scientiarum invenisse". Nr. 12: „ Qui libri filum Analogie sequuntur legendi sunt" etc.). — Auch hier sind wieder in der beliebten Weise allerlei Kernsprüche eingestreut: „Nichil fit in disciplinis contra naturam". — „Tribus nati sumus: Deo, Reipublicae, Parentibus" etc. — Von anderen logischen Schriften Fabers seien nur seine Ars suppositionum, sowie die später erschienenen (1506) Introductiones in terminos, in artium divisionem, in suppositiones etc. mit dem Kommentar seines Schülers Clichtoveus (um 1473 zu Nieuport in Flandern geboren) erwähnt; auch diese Werke tragen die Spuren eifrigsten Gebrauches, was um so bemerkenswerter ist, als er im Jahre 1506 nicht mehr nötig hatte, des Examens wegen logische Studien zu betreiben.

---

[1]) Dass Faber in diesem nach dem Kardinal Lemoine gelesenen Kollegium gelesen, geht aus Caroli Bovilli Metaphisicum introductorium hervor. Dort ist der von dem Herausgeber Johannes Molinaris an Faber gerichtete Brief unterzeichnet: „Ex tuo cardinale, 25. Januar (1503)." Diese Stelle ist Graf (S. 12) entgangen.

Selbstverständlich ist auch der ihm schon in Schlettstadt durch seine Consolatio vertraut gewordene „göttliche" Boëthius in seinen logischen Schriften vertreten. Auch hier ist Fabers Einfluss nicht zu verkennen, dessen Ausspruch: „Latinae philosophiae Schola tantum Boetio debet quantum Tullio rhetorica" der aufmerksame Schüler der Nachwelt überliefert hat. Neben dem den Porphyrius kommentierenden Neuplatoniker Ammonius, Sohn des Hermias, finden sich auch einzelne weniger der strengen Wissenschaft dienende sogenannte Repertoria Aristotelis, Averrois und andere. Endlich kommt auch ein Gegner zu Wort (Dialecticae Laurenti. Vallae libri tres), qui multa adversus Aristotelem, Boetium, Porphyrium aliosque recentiores philosophos acutissime disputavit.

Auch in der philosophia naturalis ist Faber durch seine Paraphrases, die in 2 Ausgaben, in der von Faber selbst besorgten und in der kommentierten des Clichtoveus vorliegen, der bestimmende Führer. Die Herausgeber betonen auch hier ganz ausdrücklich ihren antischolastischen Standpunkt: Captiosas obiectiones, schreibt Clichtoveus, contra probatas philosophiae probationes sophisticosque cavillos consulto missos feci; quod hi nitidioribus acquirendis disciplinis potius impedimento sint animumque a veritatis perceptione distorqueant et disturbent magis quam promoveant. Denselben Geist lassen die physica elementa des gleichfalls Fabers Kreise angehörigen Carolus Bovillus (Bouelles geb. c⁴ 1470) erkennen. — Von scholastischen Kommentatoren sind der doctor fundatissimus Aegidius Romanus († 1316) und Georgius Bruxellensis (15. Jahrhundert) vertreten. Auch Alexander von Aphrodisias: de anima ist, wie die zahlreichen Gebrauchsspuren zeigen, gründlich studiert worden.

Metaphysik wurde nach Fabers Introductio quattuor dialogis declarata durchgenommen; doch erwies sich auch das Introductorium des Carolus Bovillus als recht brauchbar. Nebenbei wurden aber auch die an der Universität eingeführten Questiones sex librorum Metaphysices una cum textus explanatione eines unbekannten Autors zu Rate gezogen, die alles enthielten, was zum Examen in diesem Fache nötig war [1]).

---

[1]) Das seltene nirgends beschriebene Werk (vgl. Teil II. Nr. 102) hat folgende Einteilung: fa¹ — f⁰a₇b: Liber primus metaphisice (schliesst mit den Worten: Et hec de primo metaphysice. Residuum quia tantum de opinionibus antiquorum est Parisii non legitur.) f⁰a₇b — f⁰b₃a¹: Secundus metaphysico.

Höchst bedeutsam ist der mathematisch-astronomische Lehrapparat des jungen Studenten. In erster Linie sind auch hier Fabers Kompendien zu erwähnen, der seinerseits wieder ganz und gar auf den Schultern des Boëthius steht. Seine Lehrbücher erheben selbst keinen höheren Anspruch, als in praktischem Auszug das Wichtigste aus Boëthius zu bieten. Es lässt sich nicht leugnen, dass Faber durch seine Introductiones recht anregend wirken musste: item enim ferme comparatum est ut nisi mens rite preparata fuerit, nullum in disciplinis capiat emolumentum. Erst nach Durchnahme dieses Auszugs möge man sich, meint Faber, an die Schriften des Meisters selbst sowie an diejenigen des Jordanus Nemorarius (Jordan le Forestier. XII. Jahrh.) wagen. Auch Fabers Rithmimachia, eine kurze Erklärung eines dem Pythagoras zugeschriebenen Zahlenspiels, sollte dem gleichen Zwecke, auf praktische Weise in die Elemente einzuführen, dienen[1]). — Für die Musiktheorie hatte Faber gleichfalls durch einen Auszug aus Boëthius gesorgt; in der Vorrede werden nicht nur die wichtigsten Autoritäten auf diesem Gebiete aufgezählt, sondern auch seine eigenen Lehrer

---

schliesst: Finis secunde metaphisice. Tertius liber quia nichil in eo resolutorie dictum est parisii non legitur.) f⁰b₃a—b₅b². Liber torcius metaphisice, f⁰b₆a¹ — c₅a¹: Liber Quartus metaphisice etc. f⁰d₇: Hec de sexto metaphisice et per consequens de tota metaphisica in cursu artium Parisii legi consueta. Stammt aus dem Anfang der 90er Jahre des 15. Jahrh., wie auch das fehlende Titelblatt vermuten lässt.

1) Angehängt der Arithmetica. Paris. 1496 (Teil II. Nr. 77). Der Titel des Ganzen lautet mit Auflösung der Abbreviaturen wörtlich: In hoc opere contenta. | Arithmetica decem libris demonstrata. | Musica libris demonstrata quattuor. | Epithome in libros Arithmeticos diui Seuerini Boetij. | Rithmimachie ludus qui et pugna numerorum appellatur. || G. Gonterius in laudem Arithmetices et Musices. || (9 dist.) || F⁰ i₆b findet sich die Rithmimachia (zugeeignet dem Bernhardus Vencarius, doctori medico, numerorum amatori): Quapropter cum Arithmetice et Musice superioribus diebus in studentium favorem huic loco tanquam asyllo committerentur voluisti Rithmimachiam simul formari ludum quidem numerorum non illiberalem, sed quem deceat studiosos adolescentulos cognoscere ne nimium tetrice videantur adventasse discipline et quo interdum studio defessi primi eorum tyrones solentur animum. — (vgl. Fr. G. Freytag, Anal. litt. p. 330 ff. eine Beschreibung der 2. Ausg. Paris 1514 in Kästner, Gesch. d. Mathem. I. S. 88ff.). — Matthias Ringmann Philesius (vgl. unten) wurde durch Fabers Rithmimachia zu seiner Grammatica figurata angeregt. (Schmidt II 122). Wenn Schmidt dort (p. 121) weiter bemerkt: „La plupart des exemplaires (der Grammatica figurata) ont été détruits par l'edax vetustas, le seul qui restait a péri dans les ignes du bombardement (de Strassbourg)", so ist dies nicht richtig, da ich das Werk in dem Katalog der Münchner Hof- und Staatsbibliothek verzeichnet gefunden habe [Grammatica figurata, Deodati 1509, 4⁰]. Schmidt hat es vergebens gesucht „dans toutes les bibliothèques qui ont la réputation de posséder des raretés bibliographiques".

Jacobus Labinius und Jacobus Turbelinus, denen das
Werkchen gewidmet ist, in ehrender Weise erwähnt[1]). — Das
Studium der Astronomie suchte er nicht nur durch seine Ausgabe der
ausserordentlich beliebten Sphaera mundi des Johannes de Sacro
Bosco, sondern auch durch eine eigene Kompilation zu befördern.
In der Vorrede zu dieser letzteren hat er sich über Wesen und
Bedeutung der Astronomie in längerer Rede verbreitet. Sie hat
unserem Rhenanus ganz besonders gefallen; daher seien hier in
wenigen Strichen die Hauptgedanken skizziert. Die Astronomie (er
sagt „Astrologie") ist einer der wichtigsten der sieben Teile der
Philosophie. Sie soll nicht zu abergläubischer Zeichendeuterei,
sondern allein zur Erkenntnis der Allweisheit und Allgüte des all-
mächtigen Schöpfers führen; ihre Methode ist Spekulation wie
Demonstration; von grösster Wichtigkeit ist die Veranschaulichung
der astronomischen Wahrheiten durch geeignete Apparate. Nam
hec Astrologiae pars tota ferme imaginaria effictrixque est. Et haud
secus quam rerum sapientissimus optimusque opifex veros celos et
veros motus diuine mentis opificio producit: mens nostra sui semper
aemula parentis effictos celos effictosque motus intra se profert,
verorumque motuum simulachra quedam, in quibus ut in vestigijs
diuine mentis opificij deprehendit veritatem. Est igitur Astronomi

1) Graf hat diese Namen übersehen; er nennt nur den Hermonymos als Fabers
Lehrer: „welches seine übrigen Lehrer waren, darüber ist nichts bekannt". — Auch
ist es Graf entgangen, dass Faber die Veröffentlichung einiger Plutarch-Ueber-
setzungen des Guil. Budeus veranlasst hat: so Teil II. Nr. 118: [Rückseite des Titelbl.:
Jacobus Stapulensis Hermonymo suo (o. d.)]. Ebenso ist er bei der Plutarch-Ueber-
setzung des Budeus von 15/6 (siehe Teil II.) beteiligt. [cf. Vorrede: Jacobus
Stapulensis Guillielmo Budeo (Parrhis. Cal. Oct. 1505): Georgios Hermonymos
Lacedaemonius aetate pater consuetudine vero utrique nostrum charissimus, has mihi
praebuit culturae tuae degustandas delicias . . . folgt ein Gedicht: Ascensius Stapulensi suo (3 dist.).] — Ich füge noch Folgendes als Nachtrag zu Graf hinzu:
1. Sigeberti Gemblacensis coenobitae Chronicon etc. Paris. Henr. Stephanus 1513.
Cal. Jun. kl. 2⁰. 184ff. l. (Hierin Antonius Rufus Guil. Parvo regiae Maiestatis scito
confessori: Superioribus diebus cultor tui nominis et litteris achademiae nostrae
Parisiensis utcunque potest inserviens Jacobus Faber tuo nomine & Joannis Parvi
insignis bibliopole eiusdem studij tradidit michi historiam Sigeberti Gemblacensis
monachi . . .) 2. Leonis pape Epistole. Paris. Ascensius 1511. 4⁰. 124 ff. (Hierin
Ascensius regiae confessionis auditori 1. Apr. 1511: Quoniam Jacobus Faber Stapulensis vir et vita et doctrina laudabilis mihique multis et magnis rationibus obser-
vandus . . epistolas catholicae doctrinae refertas beatissimi . . pontificis Leonis
nostri creditas summopere tuae praestantiae nuncupatas voluit . .) 3. Ilias Homeri
quatenus a Nicolao Valla tralata est. Paris. Ascensius. gr. 4⁰. 90 ff. lat. (R. d. T.
Jodoc. Badius Jacobus Fabro Stap. ad. non. Jun. 1510: Quod .. ex eo maxime profiteri
admoneor quod Iliada Homericam (utinam totam) ab Nicolao Valla tralatam atque

mens cum celos celorumque motus grauiter effingit, similis rerum opifici celos celorumque motus creanti. („Perpulchra Analogia", meint Rhenanus).

Alle diese Werke sind von Rhenanus gründlich durchstudiert worden; weniger scheinen ihm die von Petrus Cirvelus (aus Daroca in Aragonien; lehrte wohl damals selbst noch in Paris) kommentierten mathematischen Schriften des Thomas Bravardinus († 1349) gefallen zu haben; auch der von Cirvelus selbst kompilierte Algorismus zeigt keine Gebrauchsspuren. Mehr benutzt ist nur die von demselben Gelehrten besorgte Ausgabe der Sphera mundi mit den Quaestiones des Petrus de Alliaco. Ein angehängter interessanter Dialog rechtfertigt das kühne Unterfangen des Herausgebers, das Werk des Sacro Busco zu interpretieren. Dass er sich nicht gescheut, selbst den Text zu verbessern, wird durch den Hinweis auf seine unbedingte Wahrheitsliebe gerechtfertigt; auch Aristoteles hat den Plato getadelt; ja Petrus „apostolorum princeps" hat den Tadel eines Paulus hinnehmen müssen.

Ein ganz besonderes Gewicht wurde von der Fakultät auf das gründliche Studium der ethischen Schriften des Aristoteles gelegt; denn Aristotelis philosophi diligentia factum est, ut nihil omissum videatur, quominus utramque vitam nobis paremus. Sie hatte daher in früheren Zeiten einen besonderen lector ethicorum für die Universität bestellt, der allein befugt war, die Ethik zu lesen. Erst seit dem Jahre 1492 war auch diese Lektur freigegeben. Gewöhnlich wurden die ethischen Vorlesungen erst in den späteren Semestern gehört; Faber möchte sie dagegen unmittelbar nach Absolvierung der Logik als Hauptstudium betrieben wissen, weil sie beate vite dux magistraque sei; so steht sie denn auch von den verschiedenen philosophischen Disciplinen in seiner Wertschätzung am höchsten.

latinam factam e Latio usque atque adeo Roma ipsa ad nos ut praelo aliquando librario multiplicetur advehendum curasti.) — Es widmeten ihm ausserdem Schriften: Carolus Bovillus (Libellus de constitutione et utilitate artium humanarum etc. s. l. e. a. 4⁰. 32 ff. lat.) und Petrus de Ponte caecus Brugensis (de sunamitis quaerimonia. Paris. 1507. 4⁰. lat.); endlich Simphorianus Champerius lugdun. (Aus der grösseren in II. genannten Sammlung den 2. Teil: Theologia Asclepii. Lugd. 1507. In ,der Vorrede heisst es: Instar item Pythagore atque Platonis aliorumque insignium philosophorum exteras lustrasti regiones: atque diuersos adijsti populos ... tum ut eos quos ex libris atque fama noveras coram quoque videres. In dem in derselben Sammlung folgenden Trophaeum Gallorum ist ihm mit seinen Schülern Jod. Clichtoveus, Carol. Bovillus, Georgius de Livonia († 1506) ein besonderer Abschnitt gewidmet. Dort wird auch ein umfangreiches Verzeichnis seiner Schriften gegeben.

Es wird daher nicht Wunder nehmen, dass der praktische Mann
auch eine ars moralis, d. h. einen Auszug aus der Nikomachischen
Ethik, zu Nutz und Frommen der studierenden Jugend verfertigt
hat „questionibus, elementis, apophtegmatis digesta"; „questionibus
enim quae circa unamquamque virtutum cognoscere dignum est
sciscitamur, elementa digerunt atque dissolvunt, apophtegmata
officia prebent, suntque tamquam beate vite certe leges". Wie
hoch Rhenanus auch dieses treffliche Werk seines Meisters schätzte,
zeigt der Umstand, dass dasselbe (wie die obenerwähnte philosophia
naturalis) in 2 Ausgaben in der von Faber selbst besorgten, wie
in der von Clichtoveus kommentierten, vorliegt, die beide starke
Gebrauchsspuren zeigen. Rhenanus bemerkt gelegentlich, dass
Publius Faustus Andrelinus bei Abfassung seines Buches de
moralibus et intellectualibus virtutibus dieses treffliche Werk
Fabers (Isagogen miro studio et labore concinnatam) pro archetypo
gehabt habe, und kann nicht genug dem Leser empfehlen, sich
dort weitere Auskunft zu holen[1]. Ueberhaupt war ihm dieser Teil
des philosophischen Studiums ganz besonders sympathisch; nicht
früh genug, meint er, könne der Jüngling zur Tugendliebe erzogen
werden. Vor allem möchte er dem künftigen Juristen wünschen,
ut priusquam iuris studium aggrediatur, morali sit Aristotelis philosophia diligenter imbutus. Hinc enim et virtutum amplexandarum
cognitionem et vitiorum, quae semper fugienda sunt, facilem ab
illis discretionem percipiet. Id quod tum commodissime efficies, cum
Ethica Aristotelis a Jacobo Fabro praeceptore meo, adnotationibus
et commentariis illustrata tralatione elegantissimi Argyropili et
Leonardi Aretini altera atque insuper antiqua in uno volumine
connexis et per numeros pulchre conciliatis, tibi domestica foeceris[2].
Auch Clichtoveus, der das Werk durch zahlreiche Beispiele
aus Dichtern und Geschichtschreibern illustrierte, kann dasselbe
nicht genug loben: in qua adeo et abunde et fecunde de virtute
disserit: ut totam ferme quam Aristoteles decem libris digessit
materiam succincte complectatur. — Bei der von Faber im Jahre
1506 besorgten Ausgabe der Politica und Economica Aristotelis
war Rhenanus selbst als Korrektor beteiligt. Ihm haben wir wohl
die sehr übersichtliche Inhaltsangabe sowie den trefflichen Index

[1] Dedikation an Jacobus Fullonius v. 1. Febr. 1509. (Briefwechsel S. 20.)
[2] Dedikationsepistel zur Ausg. des Gratianus v. 13. April 1512. (Briefwechsel
S. 51.)

nominum propriorum, welche diese Ausgabe zieren, zu verdanken. Kapitelweise wird der Text mitgeteilt, unter jedem Kapitel steht der kurze Kommentar Fabers. Zahlreiche handschriftliche Anmerkungen in Rhenanus' Exemplar bezeugen, dass er das Werk eifrig studiert hat. Wir wissen aus Sapidus' Erzählung, dass Rhenanus selbst in seinem Kollegium um diese Zeit die Oeconomica einem kleineren Kreise interpretierte.

Es ist begreiflich, dass dieser bedeutsame Einfluss des Lehrers, wie er die ganze Lebensrichtung und philosophische Weltauffassung des jungen Studenten bestimmte, auch für seine Stellung zum klassischen Altertum und zu den Bestrebungen der modernen Poeten entscheidend sein musste. Wie die Neueren so werden auch die Alten, ohne Rücksicht auf sonstige Mängel oder Vorzüge, lediglich nach ihrer „Gesinnung" bemessen. Sie stehen um so höher, je mehr diese eine „christliche" genannt werden kann. Allerdings sind auch die Vorzüge der Form zu schätzen, doch hüte sich der Mensch, dass er die Eleganz des lateinischen Ausdruckes mit dem Frieden der Seele bezahle. Schriftsteller unchristlicher Art sind wie die Pest zu fliehen; vor allem taugen sie nicht für die Jugend. Für diese letztere zumal sind die „christlichen" Poeten der ersten Jahrhunderte die nahrhafteste Kost; mögen sie auch grade nicht als Muster des Stiles gelten, so bieten sie doch dem, der nach christlicher Lebensweisheit schmachtet, volles Genüge. — Man sieht, dass diese Ansichten sich von denen Dringenbergs, Hofmanns und Wimpfelings um nichts unterscheiden. Auch Wimpfeling schätzt die Erzeugnisse der Poesie um so höher, je besser sie sich als Lehrbücher der Moralphilosophie verwerten lassen. — Wir wissen, dass dieser Gesichtspunkt die ganze erste Editionsthätigkeit des Rhenanus beherrscht. Bald nach seiner Rückkehr aus Paris, in den Jahren 1508 und 1509, hat Rhenanus selbst seinen Landsleuten ein halbes Dutzend solcher Poeten geschenkt. Avitus, Juvencus, Prudentius, Sedulius, und von den Neueren Bigus, Mantuanus, Jo. Franc. Picus und Sabellicus sind in dieser Zeit seine Helden[1]). Noch im Jahre 1510 entschliesst er sich nicht ohne Be-

---

[1]) Obschon Rhenanus diese Dichter aus eigner Lektüre kannte, so ist ihm doch auch das Urteil andrer nicht fremd. Namentlich finden sich Anspielungen auf Petri Criniti De poetis latinis. Das Exemplar der Bibl. Rhenana trägt starke Gebrauchsspuren (Flor. Phil. Junta. Kal. Febr. M. D. V. 2⁰. 48 ff.). So ist ihm z. B. die Stelle über die spätlateinischen Dichter (F⁰₆ b): „Itaque dabunt mihi veniam eruditi homines: qui cum legent hos libros uidebunt a nobis referri Poetas illos qui re

denken zur Herausgabe der Epigrammata et hymni Michaelis
Tarchoniotae Marulli, da derselbe trotz unbestreitbarer Vorzüge
doch eine recht heidnische Gesinnung zeige; auch ist er gar nicht
damit einverstanden, dass sein Freund Schürer aus buchhänd-
lerischer Spekulation die lasciven Elegiae des Franciscus Octavius
und Cornelius Gallus einer von ihm getroffenen Auswahl von
Dichtern noch beigefügt hat[1]).

So sind denn auch, was sich von neueren Poeten in seiner
Bibliothek in dieser Zeit einfindet, durchweg Männer von erprobter
„christlicher" Gesinnung: Robertus Gaguinus, Aegidius Delphus,
Petrus Burrus u. s. w.[2]). Höchst bemerkenswert ist, dass die
Arbeiten des Erasmus aus dieser Periode vollzählig vorliegen.

Dasselbe gilt von den Werken des Publius Faustus Andrelinus,
die allerdings keineswegs immer den von Faber aufgestellten Grund-
sätzen entsprechen. Andrelinus war damals eine besonders interessante Persönlichkeit. Seine Vorlesungen über die lateinischen
Dichter, alte und neue, sowie die von ihm geleiteten Übungen in der
Versifikation fanden ungemeinen Beifall: seine Stellung als Poeta
regius et regineus mochte gleichfalls nicht wenig dazu beitragen,
den Glanz seines Namens zu erhöhen. Auch Rhenanus hat Andrelinus' Vorlesungen über Rhetorik und Poetik eifrig besucht. Er ist
jedoch zu dem italienischen Versemacher, dessen leichte Sitten
stadtbekannt waren, niemals in ein näheres persönliches Verhältnis
getreten. Niemals wird von ihm des Andrelinus als seines Lehrers
Erwähnung gethan; nur aus einer gelegentlichen Äusserung Spiegels
wissen wir, dass Rhenanus bei dem Italiener in die Schule ge-
gangen ist[3]).

vera paulo ineptiores atque inelegantes haberi possunt: quales sunt Jouen-
cus, Fortunatus et alii generis eiusdem" gelegentlich eingefallen (vgl. z. B. Vorrede zu Lud. Bigi Opusc. christ. 1509. u. z. Michael Tarchaniota Marullus. 1509.
Centr.-Bl. f. Bibl. wes. 1885. S. 257, 259).
¹) P. Gregorii Tipherni Opuscula. Francisci Octauii Elegiae etc. Arg. Schürer
1509. Juli. 4°. 50ff. (vgl. Vorrede Schürers: Cum P. Gregorii Tipherni opuscula iam
aere nostro expressissemus, libuit illis Octauij Elegias et Corn. Galli Fragmenta
adijcere . . . Atqui amatoria sunt haec et subobscoena inquies. Esto id tamen ob-
ticere nolo quemadmodum optimis rebus abuti licet, ita res leviores etiam sapien-
tibus prodesse. Dissuadebat hoc Beatus Rhenanus, non quod eloquentissimos
vetustissimosque poetas non plurimum commendaret, sed quod timeret permultos
inde plus lasciviae quam eruditionis imbibituros.)
²) Vgl. Teil II. Der „unchristliche" Poggio (Facetiae. Bibl. Rhen. Nr. 186). trägt
dagegen die Warnungsinschrift: „Liber hic non est legendus iuuenibus".
³) Obgleich ich dies schon 1884 in meinem Aufs. zur Schlettstadter Schulgeschichte nachgewiesen (Strassb. Stud. II. 438), so ist meine Bemerkung doch un-

Faber ist selbstverständlich auch bestimmend für seine Stellung zu den Alten geworden. Von Männern wie Philostratus, Plinius, Lucianus pflegt Rhenan in dieser Zeit nur in Ausdrücken herzlichster Verachtung zu reden. Der letztere namentlich hat sein Missfallen in hohem Grade erregt. Bezeichnend ist eine gelegentliche Notiz in einem Exemplare der Opp. Luciani seiner Bibliothek, die uns belehrt, aus welcher Quelle er diesen Abscheu gesogen. Nachdem er dort, wie anderswo[1]), Lucian als „antiphilosophus", „deum hominumque contemptor" bezeichnet, fährt er begründend fort: „Et hoc mihi dixit Faber Stapulensis in quodam symposio apud Parisios qui paulo post cum illum ad edes suas officii gratia deduxissem in Suidae hominis graeci sed christiani vocabulario ostendit, quid hominis hic Lucianus fuerit". — Übrigens hat Faber keineswegs das Studium der Klassiker als solches verworfen, wie schon aus seiner oben erwähnten (S. 34. a. 2.) Beteiligung an der Herausgabe klassischer Schriftsteller erhellt. Er hat im Gegenteil seine Schüler mit Nachdruck auf ein besseres Latein hingewiesen und ohne Frage in diesem Sinne auch seinen jungen Freund Rhenanus gefördert.

Neben Faber muss jeder andere Einfluss zurücktreten. Auch bei Clichtoveus, der es sich angelegen sein liess, die Lehrbücher seines Lehrers Faber durch Kommentare noch brauchbarer und mundgerechter zu machen, hat Rhenanus Vorlesungen gehört. Er nennt ihn später einmal unter den Männern, die Gelehrsamkeit mit Rechtschaffenheit vereinten, und ist längere Zeit in litterarischem Briefwechsel mit ihm geblieben[2]). Dass auch Bovillus,

---

beachtet geblieben (L. Geiger, Zs. f. Litt. u. Kult. d. Renaiss. I. 45: „Ob Rhenanus Andrelinis Schüler war, ist nicht bestimmt, doch höchst wahrscheinlich." Ich gebe daher die bemerkenswerte Stelle noch einmal: (Reuchlini Scaen. Progymn. Tubing. 1512. f°. XXXIX): Taceo Beatum meum Rhenanum animi fortunaeque bonis beatum quibus dei virtute ut plerique omnes non male usus est, cum primis multiiuga eruditione iustitia et coniuncta mansuetudine praeditum. Beatum quoque Arnoaldum itidem cum Rhenano auditorem Fabri et Fausti, utroque et carmine et prosa scribendi genere facilem... — Mähly, Alsat. 1856 57. S. 211. a. 2 schreibt: „Den Dichter Faustus Andrelini lernte er dort kennen." Das kann aus Sturms Angabe nicht geschlossen werden. Horawitz meldet daher auch nichts davon.

1) Vgl. Dedikationsepistel z. Lud. Bigi Opusc. christ. Arg. 1509: „Lucianus deum hominumque subsannator" (Briefwechsel S. 18). — In einem anderen Exemplare (Luciani viri quam dissertissimi compluria opuscula longe festiuissima ab Erasmo Roterodamo et Thoma Moro interpretibus optimis in latinorum linguam traducta. Paris. Asc. 1506) steht im Text irgendwo angemerkt: „Aristoteles verax. Mendacia sesquipedalia Luciani. Falso Aristotelem insimulat. Lucianus antiphilosophus".

2) Vgl. Briefwechsel S. 12, 16, 45, 52. Er dedicierte ihm seine Uebersetzung zweier Briefe des Gregor von Nazianz. 1512.

der sich gleichfalls Rhenans besonderer Hochachtung erfreute, dieses letzteren Lehrer gewesen sei, wird man auch ohne besondere Bestätigung annehmen dürfen. Von seinen griechischen Studien ist aus dieser Zeit wenig zu berichten. Sturm erzählt, dass Rhenanus den Spartaner Hermonymos „lange und eifrig" gehört habe; Rhenanus selbst nennt in dem oft citierten Briefe an Reuchlin den Hermonymos seinen Lehrer, lässt zugleich aber merken, dass Gelehrsamkeit nicht eben des Mannes stärkste Seite gewesen sei[1]). Erasmus hat sich später in ähnlicher Weise über Hermonymos geäussert[2]). Immerhin erfreute sich der Grieche in Fabers Kreise eines besonderen Ansehens, und mag auch hier Faber wohl den Vermittler gespielt haben. — Aus seiner Bibliothek sind keine Anhaltspunkte über die Art und Weise des Betriebs seiner griechischen Studien zu gewinnen.

Ueber seine sonstigen Lebensverhältnisse während seines Pariser Aufenthaltes ist uns kaum eine authentische Nachricht zugekommen. Briefe aus dieser Zeit sind leider nicht erhalten, und auch seine Bibliothek bietet nichts von Bedeutung[3]). Von besonderem Interesse wäre es auch zu wissen, wen er von seinen ehemaligen Schlettstadter Mitschülern oder sonstigen elsässischen Landsleuten

---

1) Briefwechsel S. 26: „Hermonymos Lacedaemonius non tam doctrina quam patria clarus."

2) Erasmus, Catal. lucubr. Basil. 15 37. p. 20: „Ad graecas litteras utcunque puero degustatas iam grandior redij ... sed tum cum apud nos nulla Graecorum codicum esset copia, neque minor penuria doctorum, Lutetiae tantum unus Georgius Hermonymus Graece balbutiebat, sed talis ut neque potuisset docere si uoluisset: neque uoluisset si potuisset."

3) Nur eine halbverwischte Abrechnung mit Mag. Martinus (wohl Vorstand des Kollegiums?) findet sich auf dem vorderen und hinteren Deckel von Nr. 253:

a) Vorderer Deckel:
Item debeo triginta duod. Item unum scutum solis.
Item dedit mihi mag. Martinius (!) unum francum. Item Quattuor Karolos.
Item ipse debet mihi tres francos et tres albos.
Item dom. Mart. debet mihi sex duodenos.
Item ma. MI(chael Hummelberg?) debet mihi 4 turonens. 1 francum.
Item Joannes (Sapidus?) debet unum francum c. dimidio.
           etc. etc.

b) Hinterer Deckel:
Expense per me facte:
Item pro pipere duos turonos.
Item pro hospita sex duodenos et 7 turonos.
Item M. Martinus debet mihi decem et nouem duodenos.
           etc. etc.

in Paris getroffen[1]). Dass er hier mit den beiden Amerbach aus Basel, die mit ihm in Hofmanns Schule gesessen, näheren Umgang gepflogen, möchte man zwar vermuten, doch ist keine bestimmte Nachricht darüber auf uns gekommen[2]). Auch Beatus Arnoaldus aus Schlettstadt hat um diese Zeit in Paris studiert[3]); von Mathias Ringmann ist es nicht minder wahrscheinlich[4]).

---

[1]) Ein Paulus Hemmerlin de Andelo ist um das Jahr 1500 Professor an der Sorbonne. Er war 1488 Procurator Nationis Germanicae. Als solcher verfasste er eine „Invocatio M. Pauli Hemmerlin de Andelo ad Deum Opt. Max. ut tantam procuratorie sue sacrinam bono omine occipiat fausteque gerat" (bei Bulaeus V. 910 abgedruckt). Er hat eine sehr handliche Schulausgabe des Terenz veranstaltet (Teil II a. 1507) Paris. 1499. Schlusswort fo. 187 b : Paulus Malleolus Andelacensis Ornatissimo Patri Roberto Gaguino etc. Ex sacro Sorbonensi gymnasio. XI. Cal. Maii. Anno quo supra. — Bulaeus nennt ihn „vir correctae et emendatae Latinitatis supra ceteros illius temporis Magistros". — Wohl nicht mehr in Paris war um diese Zeit: Bartholomaeus Wichrant (Wickram) de Columbaria Dioc. Basil. Procurator Nat. Germ. 1. Febr. 1495 (Bulaeus V 925). Diese Angabe des Bulaeus verträgt sich allerdings kaum mit dem, was Schmidt Hist. littér. II 93. A. 19. schreibt: „En 1494, Barthélémy Wickram fut chargé par le chapitre (de Saint-Martin à Colmar) d'inscrire dans l'Obituarium de S. Martin les anniversaires etc." — Mit Rhenanus zugleich war in der Druckerei des Henr. Stephanus ein Petrus Porta Monsterolensis thätig, also ein Landsmann aus dem Elsass. Ein Gedicht von ihm vor Fabers Ausg. des Mercurius Trismegistus. Paris. Stephanus 1505. Renouard nennt ihn wunderlicherweise (Annales des Estienne p. 281): „le crétois Pierre Porta".

[2]) In den von Fechter (vgl. o.) benutzten Briefen des Bruno und Basilius Amerbach kommt der Name des Rhenanus nicht vor; Rhenanus stand indessen seit 1511 mit ihnen in freundschaftlichstem Verkehre, so dass man wohl schliessen darf, die alte Freundschaft von Schlettstadt her sei in Paris wieder aufgefrischt worden. Die Amerbach wohnten im Collegium Lexoviorum (Lisieux): 1505 bacc. 1506. mag. — Von andern ehemaligen Zöglingen der Schlettstädter Schule studierten damals dort: Gangolf Petri, Eucharius Holzach, Theobald Oiglin Luft. (Fechter ibid.)

[3]) Vgl. o. S. a., später kaiserlicher Rat unter Maximilian I. und Karl V.-Wiskowatoff nennt ihn fälschlich (Jakob Wimpfeling S. 218) einen Bruder des Beatus Rhenanus. Ueber seine Thätigkeit in der Schürer'schen Officin (seit 1508) werde ich demnächst an anderm Orte handeln. Ueber ihn berichtet das Anniversarienbuch der Pfarrkirche: „Anno milesimo quingentesimo undecimo legauit Katharina uxor Joannis Arnolt pro se et praefato suo marito et filio eorundem magistro Beato et omnibus antecessoribus..." Auch mit Arnoaldus blieb Rhenanus in treuer Freundschaft verbunden. Einige Bücher des Arnoaldus sind in die Bibliothek des Rhenanus übergegangen. Rhenanus scheint an der später von Arnoaldus besorgten 2. Aufl. der Germania Wimphelings (Basil. Herwagen 1532. 2o) beteiligt gewesen zu sein; Rhenanus hat wenigstens sein Exemplar der 1. Ausg. (Nr. 295) mit vielen hdschr. Korrekturen versehen; auch trägt das betreffende Exemplar die deutlichsten Spuren, dass es in der Druckerei als Vorlage gedient hat. Eine genauere Untersuchung hierüber war mir aus Mangel an Zeit nicht mehr möglich.

[4]) Die Selbstzeugnisse Ringmanns sind bekannt. Schmidt II 90 lässt ihn schon 1503 „après avoir séjourné pendant quelques années à Paris" nach Strassburg zurückkehren. In der oben S. 40 a. 1. angezogenen Bemerkung Spiegels wird auch Matth. Ringmann als Schüler Hofmanns (was Schmidt unbekannt geblieben) erwähnt,

Die aus der Mainzer Gegend stammenden Gebrüder Westhusen, Kaspar und Kilian, gehören wahrscheinlich auch zu seinen Pariser Freunden[1]); Robertus Fortunatus aus Mecheln und Johannes Druinus aus Blois sind gleichfalls in Paris zu Rhenanus in näheren Beziehungen getreten[2]). Auch Jakob Fullonius hat diesem Freundeskreise angehört[3]). — Von allen Altersgenossen aber, zu denen er in Paris in freundschaftliche Beziehungen getreten, hat keiner seinem Herzen näher gestanden als Michael Hummelberg aus Ravensburg[4]). Ihre Bekanntschaft reicht bis in den Herbst 1503 zurück. Damals war Hummelberg in das von

ebenso dass er unter Faber und Faustus später in Paris studiert habe. Ein zweiter Aufenthalt Ringmanns in Paris war bisher nicht bekannt; er wird aber durchaus glaubwürdig durch folgendes: Alcimi Aviti Viennensis Episcopi Poetae christianissimi Libri sex. Paris. Asc. ad III Idus Maias M.D.X.8⁰. (R. d. T.: Ringmannus Philesius. Lectori. 10 Dist.). Verse von Ringmann auch in Specul. Galeni Paris 1517 (nach Brunet; soll auch 1511 oder 1512 in Paris erschienen sein). — Dass auch Sapidus seit 1506 in Paris studierte, ist oben schon bemerkt worden. Ein näherer Verkehr mit Rhenanus hat indessen des bedeutenden Altersunterschiedes wegen (er war 5 Jahre jünger) nicht stattgefunden (Sturm, im Briefw. S. 5). — Johannes Kierher kommt erst Ende 1509 nach Paris; er brachte von Rhenanus einen Empfehlungsbrief an Mich. Hummelberg mit (Briefw. S. 23). Vgl. über ihn den Anhang zu Teil II und meine Bemerkungen im Centr.-Bl. f. Bibl. wes. 1886. S. 268a¹.

¹) Dass der von Faber 1511 in der Dedikationsepistel an Rhenanus genannte „Quilianus noster" nur Kilian Westhusen sein kann, ergiebt sich aus Fabers Vorrede zu Opp. Cusae. Asc. 1514; dort wird auch Kaspar genannt: a Gaspare Vesthusenno pontificii iuris doctore & D. Quiliano amicissimo nostro doctissimoque fratre eius. Ein Andreas Vesthusennus doctor liess a. 1510 für Faber Bernonis Abbatis de officio missae abschreiben (Vorr. i. d. Ausg. Bernonis De officio miss. Ausg. Schür. 1511), also wohl auch ein ehemaliger Schüler aus Paris.

²) Druinus stand mit Rhenanus in Korrespondenz; Rhenanus dedicierte ihm seine Ausgabe des Matth. Bossus a. 10. Oct. 1509 (nicht 1508, wie im Briefwechsel S. 577) — In der von Rhenanus korrigierten Ausg. der Theologia Damasceni (Paris 1507) stehen 8 Distichen des Rhenanus an Fortunatas (Briefwechsel S. 626 f.)

³) Jacobus Fullonius a. Henr. Glareanus. Brigae 25. Mai. 1523 (ms. Bibl. Rhen.): ... sicque ad proximum futurum autumnum ad Rhenanum, qui me integrum decennium in gremio sue luxuriantis et exuberantis fortunae pro maiori parte nutriuit et fideliter instruxit, dum sub eisdem preceptoribus Crathone Vdenhemio ac Jacobo Stapulensi viris excellentissimis ceterisque preceptoribus non penitendis.... Operam dabamus, pergere institui cum adulescentulo bone indolis filio cuiusdam mei charissimi amici ac Consanguinei quem Beato Rhenano unice commendo... et cum me pretereat an Rhenanus vixerit et ubinam degat, te precor ut me literis tuis informes. — Rhenanus hatte ihm 1509 das Carmen Pontii Paulini Christianam pietatem commendans dediciert, erwähnt ihn auch später noch einmal in einem Briefe. Fullonius stammte aus Sitten.

⁴) Walchner, Joh. v. Botzheim S. 168 ff. Horawitz, Mich. Hummelberger. Berl. 1875. Derselbe, Anal. z. Gesch. d. Humanism. i. Schwaben. Wien 1877. und Anal. z. G. d. Human. u. d. Ref. i. Schwaben. Wien 1878.

Rhenanus bewohnte Kollegium eingetreten. Gleichalterig, von gleich sanfter, stiller Gemütsart, von gleich ernstem Pflichtbewusstsein und gleicher Liebe zu den Wissenschaften erfüllt, schlossen sie in täglichem innigen Verkehr und Gedankenaustausch einen Herzensbund, der für das ganze Leben gehalten hat[1]). Dass Rhenanus von Ende 1505—1507 in der eben eröffneten Druckerei des Henr. Stephanus, der Fabers Hauptverleger wurde, gelegentlich als Korrektor beschäftigt gewesen und einige der aus Stephanus Officin hervorgegangene Werke mit empfehlenden Versen geschmückt hat, habe ich früher nachgewiesen[2]). Auch mit dem gelehrten Pariser Buchdrucker Jodocus Badius Ascensius (aus Asche bei Brüssel † 1535) stand er in innigem Freundschaftsverhältnis[3]).

Im Herbst 1507 hatte Rhenanus seine Pariser Lehrjahre abgeschlossen; er wandte sich nun wieder der Heimat zu. Von nun an beginnt ein mehrjähriges, durch einzelne grössere Reisen unterbrochenes Wanderleben zwischen Schlettstadt, Strassburg und Basel, worüber der Briefwechsel einige Andeutungen giebt. Ganz besonders interessierte er sich in den nächsten Jahren nach seiner Rückkehr für die Druckerthätigkeit seines älteren Freundes und Landsmannes Matthias Schürer, der im Juni 1508 seine Druckerei in Strassburg eröffnet hatte. In Schürers Officin hat der junge Gelehrte sich die ersten litterarischen Sporen verdient. Durch seine Bibliothek sind wir in Stand gesetzt, diese erste Editionsthätigkeit bis ins einzelne hinein zu verfolgen[4]). Während eines längeren Aufenthaltes in Strassburg im Jahre 1509 und 1510 tritt er in innige Beziehungen zu dem von Wimpfeling, Geiler und Brant beherrschten Gelehrtenkreise dieser Stadt. Doch konnte ihm das damalige Strassburg trotz des unverkennbar aufblühenden wissenschaftlichen Strebens keineswegs bieten, wonach sein bildungsbedürftiger Geist verlangte. Vor allem lag ihm am Herzen, sich

---

[1]) Zeugnis dafür ihre herzliche Korrespondenz i. Briefwechsel. Was aus der Bibliothek für die Erkenntnis ihrer Beziehungen zu gewinnen, ist als Anhang zu Teil II zusammengestellt.

[2]) Centr.-Bl. f. B. 1885. S. 255 f. Die in diesen Werken vorkommenden Verse jetzt zusammengestellt i. Briefwechsel 8. 625 f.

[3]) Vgl. hierüber Teil II Anhang. Die Rhenanus-Bibliothek enthält wichtiges Material zur Kenntnis des gelehrten Buchdruckers und seiner Officin.

[4]) Hierüber werde ich in einem seit Jahren vorbereiteten Werke über die Schürer'sche Officin Genaueres geben.

eine gründlichere Kenntnis des Griechischen zu verschaffen[1]).
Schon Mitte 1508 beschäftigt er sich mit dem Gedanken, behufs
weiterer Ausbildung irgend eine italienische Universität aufzusuchen,
lässt denselben aber im Hinblick auf die drohenden kriegerischen
Ereignisse fallen und richtet seine Absicht auf Orléans. Auch
scheint er jetzt zeitweilig den Entschluss gefasst zu haben, sich
mit dem kirchlichen Rechte zu beschäftigen. Wollte er vielleicht
Theologe werden? Schon die Wahl von Paris als erster Univer-
sität lässt dies vermuten. Auch hiervon springt er wieder ab.
Ende 1510 hatte der Buchdrucker Johannes Amerbach auf die
Empfehlung mehrerer Freunde hin den gelehrten Nürnberger
Dominikaner Johannes Cono (Kuhn), einen Schüler des Marcus
Musurus in Padua, der soeben aus Italien heimgekehrt war, zur
Mitwirkung bei der Ausgabe des Hieronymus nach Basel berufen.
Man wünschte zugleich, dass er das Studium des Griechichen in Basel
in Schwung bringen werde. Namentlich Wimpfeling hegte in dieser
Hinsicht die weitgehendsten Hoffnungen. Oft genug wird im Strass-
burger Kreise die Rede auf dieses bedeutsame Ereignis gekommen
sein. Jetzt war auch Rhenanus' Entschluss gefasst, er will nach
Basel, den berühmten Gräcisten zu hören. Auch Hummelberg,
hofft er, werde sich jetzt für Basel interessieren; sie könnten
dann, in Fortsetzung alter Studiengemeinschaft, wenn nicht Grie-

---

[1]) Bald nach seiner Abreise von Paris hatte dort Hieronymus Aleander seine
griechischen Vorlesungen begonnen. Rhenanus gratuliert wiederholt seinen Pariser
Freunden zu dieser so erwünschten Wandlung der Dinge. — Ueber das griechische
Studium in Paris um diese Zeit hat neuerdings de Nolhac gehandelt. Ein bisher
übersehenes interessantes Zeugnis enthält die Vorrede des Guil. Copus v. 14. Kal.
April. 1510 zu seiner Uebersetzung des Paulus Aegineta (ich citiere nach dem
Schürer'schen Nachdruck v. 1511), das auch Celtis wegen (dessen griechische
Kenntnisse noch jüngst angezweifelt worden) Beachtung verdient: Ergo cum magna
iam antiqnorum optimorumque voluminum cum oratorum et poetarum, tum philosophorum copia Aldi mannij viri vndecumque doctissimi industria nobis restituta sit,
laborandum esse duxi, ut medicinae quoque auctores ad pristinae dignitatis lucem
resurgant. Igitur graecarum literarum prima rudimenta, quae iam pridem in Germania sub Mithridate et Conrado celte degestaueram, sub
vtriusque linguae doctissimis preceptoribus Joanne Lascari atque Erasmo
Roterodamo in Parisiorum academia excolere tentani. Sed ob corum
praecipitem in Italiam abitum, operam fere Insissem, nisi mox Hieronymum
aleandrum graece et latine et hebraice adde etiam chaldaice doctissimum perpe-
tuum annum poetas et oratores (absque enim horum diligenti lectione nullus facile
graecas literas discere posse speret) grece legentem audivissem. Cuius praeceptis
formatis (us?) ut studiorum meorum frugem aliquam reponerem Theodorum
Gazam, atque Nicolaum Leonicenum quamquam longo admodum intervallo
imitari ac veteres eosque eruditissimos graecos medicos pro virili restituere nisus sum.

chisch — denn darin sei ihm ja Hummelberg, der Schüler Aleanders, jetzt weit überlegen —, so doch ius pontificium treiben. Hummelberg konnte seinen Wunsch nicht erfüllen ; er wandte sich juristischer Studien wegen nach Italien. Für Rhenanus aber ging in Basel eine neue Welt auf. Am 31. Juli 1511 betrat er den gastfreundlichen Boden der schönen Schweizerstadt, der ihm auf Jahre hinaus zur Heimat werden sollte. Sein Führer, Freund und treuer Berater ward Cono, und als dieser nach kaum zwei Jahren trautesten, wissenschaftlichen Zusammenseins von seiner Seite gerissen wurde, trat ein Grösserer an seine Stelle, der das angefangene Werk vollenden sollte — Erasmus.

Zweiter Teil.

Die Bibliothek des Beatus Rhenanus

von

1500—1507.

Die nachfolgende Aufstellung ist, wie das Vorwort schon bemerkt, in erster Linie dazu bestimmt, in Ergänzung des I. Teiles die allmähliche Erweiterung des geistigen Gesichtskreises des jungen Gelehrten zu veranschaulichen. [1]) Es ist hiermit aber auch zugleich eine genetische Entwicklung der Bibliothek in der interessantesten Periode ihres Bestehens gegeben. So sehr der Verfasser hierbei möglichste Vollständigkeit anstrebte, so glaubte er doch andererseits unbedingt alles ausschliessen zu müssen, dessen Anschaffung nicht mit Sicherheit in diese Periode gesetzt werden konnte. Besonderes Bedenken erweckte die zu wählende Form der Darbietung, da allgemeine Uebersichtlichkeit und Kürze mit möglichst scharfer Charakteristik des einzelnen vereint werden sollte. Der Uebersichtlichkeit wurde zunächst dadurch Rechnung getragen, dass innerhalb der von vornherein gegebenen chronologischen Form die Werke, soweit es anging, nach Disciplinen, und zwar in alphabetischer Reihenfolge aufgezählt wurden; aus demselben Grunde musste sich der Verfasser hier und da zu einer Kürzung des oft seitenlangen Titels entschliessen, um so mehr, als derselbe keineswegs immer als Charakteristik des Inhalts gelten konnte. Durchgängig aber glaubte der Verfasser den Namen des Autors nebst denjenigen des Bearbeiters, Uebersetzers, Herausgebers etc. in feststehender Reihen-

---

1) Einiges Wenige mag wohl auch dem Verfasser entgangen sein, da derselbe infolge der Ueberführung der Bücherbestände in die neuen Bibliotheksräume sich das notwendige Material zum Teil aus den auf dem Fussboden lagernden Bücherhaufen heraussuchen musste.

48

folge beifügen zu müssen. Wer sich in bibliographischen Hand-
büchern umgesehen hat, wird wissen, wie grade in dieser Beziehung ein principloses Verfahren sich rächt. So ist man selbst
bei Hain genötigt, beispielsweise zur Bestimmung einer Aristoteles-
Uebersetzung, unter vier bis fünf Namen Nachsuchung anstellen zu
müssen. — Die Verweisung auf Hain, Panzer, Brunet mag eine
genauere bibliographische Beschreibung ersetzen[1]).
Von Angabe des Formats und der Art der Typen glaubte
Verfasser nicht absehen zu dürfen; auch wurde die Feststellung
der Blattzahl durchweg angestrebt.[2]) Hier und da wurde gelegentlich
noch eine weitere Notiz von Interesse hinzugefügt, namentlich bei
solchen Werken, die zu der im I. Teil gegebenen Darstellung in
Beziehung stehen.

Als Anhang folgt eine Zusammenstellung der von Michael
Hummelberg, Ascensius, Kierher und anderen Freunden gestifteten
Geschenke. Ausführlicher sind hier auch nur die Freunde aus der
Pariser Zeit behandelt.

1500.

1 (1) **Alexander** (de villa dei) cum commento. — Basil. Anno domini
Millesimo quadringentesimo octuagesimo sexto. 2⁰. 74 ff. got.
Hain 747.

2 (2) **Mancinellus** (Antonius). Omnia Opera (in grammaticam). Ele-
gantiae Portus. Laur. Vallae Lima. Rhetoricen ad Herennium
esse Ciceronis. Rhetorices ad Herennium Commentariolus.
Domicii Paladii Sorani carmen etc. —Venet. per Joan. de Cereto
alias Tacuin. de Tridino. die nono Februarii Mcccc.xcviii. 4⁰.
104 ff. lat.
Hain 10603.

3 (3) — Carmen de floribus. Carmen de figuris. De poetica virtute.
Vitae Carmen. — ibid. 1498. 4⁰. 60 ff. lat.
Hain 10618.

4 (4) — Epitoma s. Regulae Constructionis. — ibid. 1498. 4⁰. 40 ff. lat.
Hain 10608.

5 (5) — Spica uoluminum iiii. de declinatione, de generibus, de prae-
teritis, de supinis. Versilogus. — ibid. 1497. 4⁰. 46 ff. lat.
Hain 10582.

---

[1]) Wo eine Verweisung fehlt, war das Werk nicht festzustellen. — Von Brunet
(Manuel du libraire et de l'amateur des livres) wurde die Ausg. Paris 1842. 4 tom.
benutzt.
[2]) Von Verwendung der typographischen Abbreviaturen und Zeichen musste abgesehen werden, da dieselben bei der Kürze der Zeit nicht mehr zu beschaffen waren.

6 (6) — **Donatus** melior. Catonis Carmen de Moribus. De Arte Libellus. — ibid. 1499. 4⁰. lat.
> Hain 10 629.

7 (7) — Scribendi Orandique modus. — ibid. 1498. 4⁰. 36 ff. lat.
> Hain 10 597.
> [Das Ganze in einem Bande vereinigt mit der Inschrift: „Sum Beati Rinow Sletstattensis. Anno 1500 in nund(inis) Argent."]

8 (8) **Prosper.** Epigrammata sancti Prosperi episcopi Regiensis de vicijs et virtutibus ex dictis Augustini. — Mogunt. Petr. Friedberger. Anno virginei partus. xciiij. 4⁰. 24 ff. got.
> Hain 13422.

1501.

9 (1) [**Alexander** de villa Dei] Sinthis s. Synthen (Johannes). Dicta super prima et secunda parte Alexandri. P. I. — Arg. Joh. Prüss. Anno domini MCCCCXCIX. XIIII. die mensis Marcii. — P. II. — Arg. Jo. Prüss. Anno MCCCCXCIX. 8⁰. got.
> Hain 14 763. [„Est Beati Rinow Schletstattini 1501."]

10 (2) **Datus** s. **Dathus** (Augustinus) Senensis. Elegantie minores. — s. l. An. XCIX (Spirae, Conr. Hist.) 4⁰. 26 ff. got.
> Hain 6013. [„Est Beati Rhinow Sletstattensis 1501."]

11 (3) **Exercitium** puerorum grammaticale per dietas distributum. — Hagen. Henr. Gran. an. 1491. III kal. Aug. 4⁰ 132 ff. got.
> Hain 6768. Joh. Müller, Deutschsprachl. Unterricht S. 17 ff. 244 ff.

12 (4) **Niger** (Franciscus). Grammatica. — Venet. s. n. typ. Anno salutis MCCCCLXXXXII. cal. april. 4⁰. 248 fl. lat.
> Hain 11858. [„Est Beati Rinow Sletstattinl. emptus 4ºr plap. Anno 1501."]

13 (5) **Perottus** (Nicolaus) Sypontinus. Rudimenta grammatices. — Paris. per Antonium Caillaut. Anno dni M. cccc. lxxxiiii. Decima Maii. 4⁰. 134 ff. got.

14 (6) **Vocabularius** Ex quo. s. l. e. a. 4⁰. 156 ff. got.

15 (7) **Dionysius** Afer. Cosmographie seu de situ orbis Dyonisij (!) per Priscianum e greco in latinum metrica traductio. — Impr. Colonie prope conuentum predicatorum Anno dni 1499. die vltima Augusti. 4⁰. 26 ff. got.
> Stimmt genau mit Hain 6225, bis auf das Titelblatt.

16 (8) **Plautus** (M. Accius). Plauti Comoediae cum correctione et interpretatione Hermolai, Merulae Politiani et Beroaldi. — s. l. e. a. 4⁰. lat. 234 ff.
> Hain 13085. [„Est Beati Rhinaw Sletstattini. emptus a magistro Mathia (Schurerio?) duodecim plapardis. Natalis dominici. Anno 1501."]

4

17 (9) **Seneca** (L. Annaeus). Proverbia Senecae secundam ordinem Alphabeti. — s. l. e. a. 4⁰. 10 ff. got.
Hain 14638.

18 (10) **Terentius** (Publius) Afer. Donatus (Aelius) Grammaticus. Juvenalis (Guido) Cenomanus. Badius (Judocus) Ascensius. Comoediae cum directorio vocabulorum et commentariis Donati, Guidonis & Ascensii. — Argent. Jo. Grüninger An. 1496. kal. Novemb. 2⁰. 182 ff. lat. (Mit vielen Illustrationen.)
Hain 15431.

19 (11) **Vergilius** (Publius) Maro. Opera ex recens. Augustini Vincentii Caminadi. — s. l. e. a. [Paris. Jo. Philippi.] 4⁰. lat.
Fehlt Hain. [„Est Beati Arnoldj (darüber Rhinaw)".]

20 (12) [**Hispanus** (Petrus)] **Magister** de Magistris (Johannes). Dicta circa summulas magistri Petri Hispani. — s. l. e. a. 2⁰. got. 2 .col.
Hain 10546. [„Est Beati Rinow Sletstattini emptus quinque plapardis a barbitonsore. Anno 1501." — Auf dem Titelblatte ausserdem von dem früheren Besitzer: „ad vsum fratris laurencij summi ordinis fratrum minor. de obseruancia. 1493. parisija in collegio burgundie scripta sunt hec. amen. 1)

21 (13) **Matheolus** Perusinus, medicinae doctor. Artis memorative Tractatus utilissimus: cum nonnullis Plinij et Gordani documentis. — Arg. Mart. Schott. a. Mcccc.lxxxx. octauo. 4⁰. 8 ff. got.
Hain 10913.

22 (14) **Trithemius** (Johannes) Abbas Spanhem. De laudibus sanctissime matris Anne. — Mogunt. Petr. Friedberger. An. Mccccxciiij. 4⁰. 32 ff. got.
Hain 15632.

1502.

23 (1) **Ebrardus** (Ulricus) de Neuburga, canonic. regul. S. August. Modus Latinitatis c. tractatulo de orthographia. — s. l. e. a. 4⁰. 38 ff. got.
Hain 6527.

24 (2) **Fliscus** (Stephanus) de Sontino. Varietates sententiarum s. Synonyma. — s. l. e. a. 4⁰. 132 ff. got.
Hain 7139.

25 (3) **Guarinus** (Baptista) Veronensis. De modo et ordine docendi ac discendi. — Heidelberge per Henr. Knoblochtzer. 1489. XV. Kal. Jan. 4⁰. 12 ff. got.
Hain 8131.

---

1) Auch hier mussten die Abbreviaturen mangels der typographischen Zeichen aufgelöst werden.

26 (4) **Monte Rutilo** (Samuel de). Synonyma partium indeclina-
bilium. — s. l. e. a. 4⁰. 36 ff. got.
  Hain 11598.

27 (5) **Philelphus** (Marius). [Ludouicus Mondellus or. Minor.]
Epistolare. — Basil. per mag. Jo. Amerbach. An. 1495. 4⁰.
160 ff. lat.
  Hain 12979. [„Est Beati Rhenani Sletstattini."]

---

28 (6) **Beroaldus** (Philippus). De felicitate opusculum. — Bonon.
Plato de Benedictis. An. 1495. Cal. April. 4⁰. 36 ff. lat.
  Hain 2909.

29 (7) **Ficinus** (Marsilius) Florentinus. De triplici vita. — s. l. e. a.
4⁰. 90 ff. lat.
  Hain 7063 (?).

30 (8) **Hugbaldus** Monachus. Carmen mirabile de laude caluorum
ad Carolum imperatorem caluum. — s. l. e. a. (Mogunt.
Petr. Friedberger). 4⁰. 4 ff. got.
  Hain 8971.

31 (9) [**Rosenheim** Peter de] Relmisius (Georgius) = Simlerius.
Rationarium euangelistarum. — Phorce. Thom. Anshelm.
1502. 4⁰. 18 ff. lat.
  Götze, Merkw. d. K. Bibl. z. Dresden t. III p. 22 ff. — Fr. G. Freytag,
  Adpar. litter. I p. 25 ff.

32 (10) **Urceus** (Antonius) Codrus. Orationes s. sermones. Epistolae.
Silvae. Satyrae. Eglogae. Epigrammata (cum eiusdem Codri
vita per Barthol. Blanchinum Bononien.). — Bonon. per Antonium Platonem de Benedictis. An. MDCCCC.II. die VII.
Martii. 2⁰. lat.
  Panzer VI 321. 10. [„Beato Rhenano Selestatino." Ist mit 35 und 36 in
  einem Bande vereinigt; gehört möglicherweise ins Jahr 1507 oder 1508, da
  der Einband die Inschrift trägt: „Est Beati Rhenani Sletstattini Ma. propria
  signatum. Anno dni MDVIII. Calendis Martiis."]

33 (11) **Wimpfeling** (Jacobus). Isidoneus Germanicus. — s. l. e. a.
4⁰. 36 ff. lat.
  Hain 16178. Schmidt Ind. bibl. Nr. 10.

34 (12) **Wimpfeling** (Jacobus). Germania ad rempublicam Argen-
tinensem. Sermo de annuntiatione angelica. — Argent. Joh.
Prüss. 1501. XIII. Kal. Jan. 4⁰. 38 ff. lat.
  2. Teil von Schmidt Nr. 16. [„Est Beati Rinaw Schlettstattini."]

---

35 (13) **Apuleius** (Lucius) Madaurensis. [Beroaldus (Philippus)
Bononien.] Asinus aureus cum Philippi Beroaldi Commen-

4*

tario. — Venet. per Simonem Papiensem dictum Bivilaquam.
An. MCCCCC . I. die xxix Aprilis. 2⁰. 42 ff. lat.
[„1502."]

36 (14) **Ausonius.** [Ferrarius (Lucius Aemilius) Ferrariensis]. Epigrammata. — Venet. impress. per mag. Johannem de
Cereto al. Tacuinum de Tridino. An. dni. Mcccc . xciiii. die
xi. Augusti 2⁰. 42 ff. lat.
Hain 2178. [„Est Beati Rhenani Schletstattini 1502."]

37 (15) **Cicero** (Marcus Tullius). [Clericus (Hubertinus) Crescentias.
Phileticus (Martinus). Merula (Georgius) Alexandrinus.
Politianus (Angelus)]. Epistolae familiares et nonnulla alia. —
Impr. per Jacob. Zachonem pedemontanum. An. Mcccc.lxxxix.
die x. mens. Junii. 2⁰. 242 ff. lat.
Hain 5209. [„Est Beati Rhinow Schletstattini. Anno Natalis dominici
1502. Tertio Idus Januarij. Manu propria."]

38 (16) **Cicero** (Marcus Tullius) [Beroaldus]. Commentarii quaestio-
num tusculanarum editi a Philippo Beroaldo. — Venet. per
Bartholomaeum de Zannis de Portesio. 1499. die xvii. Mensis
Julii. 2⁰. 114 ff. lat.
Hain 5324.

39 (17) **Claudianus** (Claudius) [Ugoletus]. Opera ex recen. Thadaei
Vgoleti Parmensis. — Venet. Jo. de Tridino alias Tacuinus.
an. Mccccxcv. vi. Jan. 4⁰. 128 ff. lat.
Hain 5372. [„Est Beati Rhinaw. Sletstattinj. manu propria. Anno Christi
1502."]

40 (18) **Frontinus** (Sextus Julius). De re militari. **Vegetius** (Flavius).
De re militari. **Aelianus.** De instruendis aciebus. **Modestus.**
Libellus de uocabulis rei militaris. Ex rec. Phil. Beroaldi.
— Bonon. Plato de Benedictis An. Mcccc . l . xxxxvi. xvi. Kal.
Febr. 2⁰. 98 ff. lat.
[„Est Beati Rhinow Schletstattinj. Ma. pro. 1502."]

41 (19) **Gellius** (Aulus). Noctes Atticae. —Brixiae per Boninum de Bo-
ninis de Ragusia anno domini. MCCCCLXXV. die tercio
Marcii. 2⁰. 192 ff. lat.
Hain 7521. [„Anno domini 1502."]

42 (20) **Hesiodus** (Valle Nic. de). Georgica per Nicol. de Valle latine
reddita. (F. 2ᵃ : Hesiodi poete Erga Kaehimerae (!). i. opera
et dies georgicon. liber per Nicolaum de valle e greco in
latinum conuersus). — Dauentrie per Jacobum de Breda.
An. MCCCC. xcij. 4⁰. 16 ff. got.
Hain 8539.

43 (21) **Lactantius** (Lucius Coelius Firmianus). De diuinis institutio-
nibus aduersus gentes. — Venet. per Simonem Beuilaquam

papiensem. An. M . cccc. lxxxvii. Die quarto Aprilis. 2⁰.
138 ff. lat.

Hain 9818. [„Est Beati Rinaw. Anno natalis dominici. 1502. Tertio
Idus Januarij. ma. pro."]

44 (₂₂) **Marcellus** (Nonius) Peripateticus Tiburticensis. Tabula. Compendiosa doctrina ad filium de proprietate sermonis. Festus
Pompelus. Augustus locus sanctus... **Varro**. De lingua latina.
— Venet. per Nicol. de Ferraris de Pralormis MCCCCLXXXXII.
die viii. Junii. 2⁰. 102 ff. lat.

Hain 11906.

45 (₂₃) **Persius** (Aulus Flaccus). [Satirarum Opus] cum commentarijs
Joannis Britannici et Jodoci Badii Ascensii. — Lugdun. Nic.
Wolf. an. Mcccc . xcix. vi. cal. Febr. kl. 2⁰. 72 ff. got.

Hain 12733. [„Est Beati Rhinaw. 1502. Sletstattini."]

46 (₂₄) **Plautus** (M. Accius). [Valla (Petrus) Placentinus. Sarazenus
(Bernardus) Venetus.] Viginti comoediae cum interpretatione
Petri Vallae et Bernardi Sarazeni. — Venet. per Simonem
Papiensem dictum Biuilaquam. Anno humanitatis Christi.
MCDXCIX. XV. kal. Octobr. 2⁰. 252 ff. lat.

Hain 13082 zählt 346 ff. [„Est Beati Rhenanj. Schletstattinj. Manu
propria Anno dñl 1502."]

47 (₂₅) **Plinius** (C. Caecilius) Secundus. Epistolarum Libri VIII. Panegyricus et (Aurelii Victoris) Liber de viris illustribus. — s.
l. e. a. 4⁰. 176 ff. lat.

[Auf Bl. 1: „Epistolae Plinij Veronensis vt nonnulli volunt."]

48 (₂₆) **Prosper** Episcopus Carthag. et Martyr. De vita contempla-
tiva, de vita actuali deque vitiis annexis virtutibus. — s. l.
Anno nostre salutis. M . cccc . l . xxxvi. 4⁰. 50 ff. got.

Hain 13417.

49 (₂₇) **Suetonius** (Caius) Tranquillus. cum Philippi Beroaldi et Marci
Antonii Sabellici commentariis. — Venet. per Simonem cog-
nom. Bevilaquam Papiensem. Anno MCCCCLXXXXVI. 2⁰.
354 ff. lat.

Hain 15128. [„Est Beati Rinow Schletstattini. Anno natalis dominici.
1502. tertio Idus Januaril. Ma. pro 1502."]

50 (₂₈) **Vergilius** (Publius) Maro. Opera. c. commentariis Seruii,
Landini. Ant. Mancinelli. Donati. Domitii. Annotationes in
Seruium. — Venet. Phil. Pincius Mant. an. Mccccxcix. die
v. Febr. 2⁰. 366 ff. lat.

[„Est Beati Rinaw. Anno natalis dominici. 1502. Tertio Idus Januarij.
ma. pro."]

51 (**2**) **Albertns** Magnus. Tractatus de modo opponendi et respondendi. — Colon. Henr. Quentell. Anno dñi. MCCCC. xcviij. 4°. 30 ff. got.

Hain 493.

52 (**30**) **Armandus** de Bellovisu, ord. Praedic. De declaratione difficilium terminorum tam theologicalium quam Philosophie ac Logice. — Colon. Henr. Quentell. Anno proximo ante iubileum centesimum (1500). 4°. 108 ff. 2 col. got.

Hain 1795.

53 (**31**) **Beda** Venerabilis. Repertorium siue tabula generalis auctoritatum Aristotelis et philosophorum cum commento per modum alphabeti. — Colon. Henr. Quentell An. 1495. IV. kal. april. 4°. 50 ff. got.

Hain 2734.

54 (**32**) **Boëthlus** (Annius Manlius Torquatus). De consolatione philosophie liber cum optimo commento beati Thome. — s. l. e. a. 4°. got.

55 (**33**) **Hispanus** (Petrus) [mag. Georgius Bruxellensis] (Thomas Bricot). Expositio Magistri Georgij super summulas magistri petri hyspani vna cum questionibus magistri Thome bricot. — Anno dni Millesimo. cccc. xcv. die vero xxiij. mensis Junij. s. l. e. n. t. kl. 2°. got.

56 (**34**) **Hispanus** (Petrus). Marsilius (ab Inghen?). Commentum emendatum et correctum in primum et quartum tractatus Petri Hyspani Et super tractatibus Marsilij de suppositionibus: ampliationibus: appellationibus et consequentijs. — Hagen. Henr. Gran. 4°. 216 ff. got.

Hain 8708. [„Est Beati Rhinaw Sletstattensis.“]

57 (**35**) **Monikedam** (mag. Arnoldus) ord. Cisterc. Tractatus de consequentia. — s. l. e. a. 10 ff. lat.

Hain 11547. [Nr. 47 und 57 in einem Bande mit d. Inschrift: „Est Beati Rhinow Schletstattini. Anno natalis dominici 1502. ma. pro. — Tertia Idus. Januar.“]

1503.

a) Schlettstadt.

58 (**1**) **Alexander** Aphrodisaeus. (Hieronymus Donatus Venet). De anima: e Graeco in latinum a Hieronymo Donato versus. — Brixiae. per Bernardin. de Misintis de Papia. An. M. cccc. lxxxv. idib. Sept.

Hain 656.

59 (2) **Cicero** (M. Tullius). [**Marsus** (Petrus)]. De officiis libri III.
cum commento Petri Marsi. Paradoxa. De amicitia. De
senectute. — Venet. s. n. t. MCCCCC. die x. decembris. 2⁰.
158 ff. lat.

Hain 5287. [„Est Beati Rhinow Schletstattini. signatum ma: pro: Anno
Saluationis 1503. Tullius aeloquentiae fons vberrimus.“]

60 (3) **Cicero** (M. Tullius). [**Fabius** (Marius) Victorinus. Maturan-
tius (**Franciscus**) Perusinus. **Mancinellus** (Antonius)] M. T.
C. Rhetoricorum Libri cum commentariis Marii Fabii Victorini,
Francisci Maturantii Perusini, Ant. Mancinelli. — Venet.
Philipp. Pincius Mantuanus. Mccccc. die xii. Septemb. 2⁰.
166 ff. lat.

Hain 5085. [„Est Beati Rinow. Sletstattini. sig. ma. pro. Anno Christianae salutis. 1503.“]

61 (4) **Cyprianus** (Caecilius) Episc. Carthag. et Martyr. Epistolae. —
s. l. e. a. 2⁰. got. 2 col.

Hain 5895.

62 (5) **Lucretius.** De rerum natura. — Venet. per Theodor. de
Ragazonibus de asula dictum bresanum. Anno dni.
MCCCC.L.XXXXV. Die iiii. Septembr. 4⁰. 130 ff. lat.

Hain 10283. [„Est Beati Rhinow. Schletstattini Anno domini Millesimo
quingentesimo tertio parrhisije manu propria.“]

63 (6) **Statius** (P. Papinius). [**Domitius. Lanctantius. Maturantius.**] Statii Syluae cum Domitii commentariis. Statii Thebais
cum Lactantii Commentariis. Statii Achilleis cum Maturantii
commentariis. — Venet. Barthol. de Zanis de Portesio.
Mcccc.lxxxxiiii. Die. XV. Martii. 2⁰. 204 ff. lat.

Hain 14979. [„Est Beati Rhinaw Schletstattinj. ma. pro. 1508.“]

64 (7) **Gresemundus** (Theodericus) iunior Moguntinus. Lucubraciun-
cule bonarum septem artium liberalium Apologiam eiusdemque
cum philosophia dialogum et orationem ad rerum publicarum
rectores in se complectentes. — Mogunt. per Petrum Frid-
bergensem Anno virginei partus. M.cccc.xciiij. 4⁰. got.

Hain 8047. — Bauch i. Arch. f. Litt.-Gesch. XII. 348 ff.

65 (8) **Boëthius.** De Philosophie consolatu sive de consolatione
philosophiae cum figuris. — Argent. per Joan. Grüninger.
An. 1501. Kal. vero VIII. Septemb. 2⁰. 136 ff. got.

Panzer VI 27. 5. [„Est Beati Rhenani Sletstattinj. Anno christiane
salutis. 1503.“]

56

b) **Paris.**

66 (•) **Politianus** Angelus. Omnia opera et alia quaedam lectu
digna. — Venet. Aldus Romanus. mense Julio MIID. 2⁰.
412 ff. lat.

Renouard Annal. de l'Imprim. des Alde I 22. [„Est Beati Rhenani
Schletstattini Anno Domini 1503. parhisijs Ma. pro."]

67 (10) **Quintilianus** M. Fabius. Institutiones (oratoriae) c. commento Laurentii Vallensis, Pomponii et Sulpitii. — Venet.
per Peregrinum de Pasqualibus de Bononia. An. Mcccc. lxxxxiiii.
Die. XVIII. Augusti. 2⁰. 248 ff. lat.

Hain 13654. [„Est Beati Rhinow. Schlestattini. Incarnationis dominicae.
Anno 1503. Parrhisij ma. pro."]

68 (11) **Aristoteles** [Argyropulus et alii]. Opera omnia in unum coacta.
— Venet. per Gregorium de Gregoriis. M. CCCC. XCVI.
Die XIII. Julii. 2⁰. 516 ff. lat.

Hain 1659. [„Est Beati Rhynow Schletstattini. Anno 1503.
Parrhisijs ma. pro."]

69 (12) **Aristoteles.** Porphyrius. [Gualtherus Burlaeus Anglicus.]
Burlaeus super artem veterem Porphyrij et Aristotelis.
(Liber predicamentorum. Peri hermenias etc.) — Venet. per
Bonetum Locatellum. Ann. 1493. 13. Kal. April. 2⁰.
82 ff. got. 2 Col.

Hain 4132.

70 (13) **Aristoteles.** Porphyrius. [Boëthius. Faber.] Logicorum libri
recogniti Boetio Seuerino interprete et paraphrases in eos-
dem cum adiectis annotationibus: ordinatore Jacobo Fabro
Stapulensi. I. Paraphrasis quinque vocum Porphyrii. Liber
praedicamentorum Aristotelis cum commento. Peri Hermenias
Aristotelis (I u. II). II. Priorum analyticorum Aristotelis
(I u. II). Posteriorum analyticorum Aristotelis (I u. II).
III. Topica. Elenchorum Sophisticorum (I u. II). — Paris.
ex. offic. Volphangiana impens. Volphangi hopily et Henrici
Stephani. Anno dni 1503. xvij Octobr. 2⁰. 300 ff. lat.

Renouard Annal. de l'Imprim. des Estienne p. 2. (nicht genau). Auch
Graf(in Zs. f. hist. Theol. 1852. S. 227) hat kein Exemplar gesehen. [„Est Beati
Rhynaw Schlestattini. Manu propria. Anno 1503. parrhisijs."]

71 (14) **Bricot** Thomas. Tractatus insolubilium. — Paris. MCCCCxcvij.
4⁰. 36 ff. 2 col. got.

72 (15) **Buridanus** Johannes [Fantinus Albertus Bononiensis] Con-
sequentie magistri Johannis Buridani emendate per Albertum

Fantinum. — Paris. Guido Mercator MCCCCLXXXXVIII.
die X. Jan. 4⁰. 32 ff. 2 col. got.

73 (16) **Champerius** Symphorianus Lugdun. Janua logice et phisice. —
Lugd. Guil. Balsar. V. die octobr. an. dni mil. iiij.cc.iiij.xx et
xviij (sic.) 4⁰. 60 ff. got.

74 (17) **Limos** Andreas Valentinensis. Dubia in insolubilibus nouiter
emendata. — Paris. Felix Balligault. An. 1499. 30. Oct.
4⁰. 42 ff. 2 col. got.

75 (18) **Porphyrius** [Mag. Martinus Magistri.] Expositio perutilis
et necessaria super libro predicabilium Porphyrii. — Paris.
Felix Balligault. An. 1499. die xxvij. mensis martij. 4⁰.
92 ff. 2 col. got.

> Hain 10463, doch fehlt d. Name d. Druckers. [„Est Beati Rynow Schlet-
> stattinj parrhisija. 1503."]
> Nr. 14—18 in einem Bande mit der Aufschrift: „Est Beati Rynow
> Schletstattinj. Anno dni 1503. parhisija ma. pro."

76 (19) **Boëthius. Faber. Bovillus** (Clichtoveus). Jacobi Fabri Stapul.
Epitome compendiosaque introductio in libros arithmeticos
diui Severini Boetij c. comment. Judoci Clichtouei. Caroli
Bouilli Samarobrini Introductiones in Geometriam et Perspec-
tivam (De circuli quadratura. Liber cubicationis sphaerae etc.)
Jacobi Fabri Stapul. Astronomicon. — Paris. Wolfg. hopylius
& Henricus Stephanus. An. 1503. 27. Jun. 2⁰. 112 ff. lat.
(mit Figur. und Tabellen).

> Graf S. 225. [„Est Beati Rhynow Schletstattini anno virginei partus
> 1503. Decem et octo duodenis emptus Parrhisija."]

77 (20) **Boëthius.** Jordanus [Faber] **Faber.** Jordani Nemorarij Elementa Arithmetica (libr. X.) c. demonstrationibus Jacobi
Fabri Stapul. Fabri Epitome in duos libros Arithmeticos
Boetij. Fabri Elementa Musicalia. Fabri Rithmimachiae
ludus. — Parrhis. Joa. Higmanus & Volg. Hopilius. An.
1496. xxij. Julij. 2⁰. 72 ff. got.

> Graf S. 224.

78 (21) **Sacro Bosco** (Johannes de) Anglicus. **Bonus Latensis. Eu-
clides** [Faber]. Textus de Sphera Johannis de Sacro bosco.
Cum comment. Jacobi Fabri Stapul. Cum compositione Anuli
Astronomici Boni Latensis. Geometria Euclidis Megarens. —
Paris. Volg. Hopilius. An. 1500. prima Septembr. 2⁰.
32 ff. got.

> Hain 14121. Graf S. 226.

79 (22) Aristoteles [Faber] (Clichtoveus). Aristoteles philosophiae naturalis paraphrases (per Jac. Fabrum) et Introductio metaphysica c. comment. Judoci Clichtouei (Paraphrasis octo physicorum. Duo dialogi physici. Paraphrasis quattuor de coelo et mundo completorum. Paraphrasis duorum de generatione & corruptione. P. quattuor Metheororum completorum. P. libri de sensu & sensato. P. de memoria & reminiscentia. P. libri de somno & vigilia. P. libri de longitudine et brevitate vite. Introductio metaphysica quattuor dialogis declarata.) — Paris. Volg. Hopylius. A. 1501. xxv. die Mart. 2⁰. 434 ff. lat.

Panzer VII. 500. 5. Graf S. 222. Beide haben kein Exemplar gesehen. [„Est Beati Rhynaw Schletstattini Parrhisijs Anno christianae solutis 1053." — Auf dem Deckel: „Est Beati Rhynaw Schletstattini Anno christiane salutis 1508. Aureo comparatus."]

80 (23) Aristoteles [Themistius] (Hermolaus Barbarus). Libri Paraphraseos Themistii peripatetici acutissimi. In Posteriora Aristotelis. In Physica. In Libros de Anima. In Commentarios de Memoria & Reminiscentia. De Somno & Vigilia. In somniis. De Divinatione per Somnum. Interprete Hermolao Barbaro Patritio Veneto. — Venet. Bartholom. de Zanis de Portesio. An. 1499. pridie non. Octobr. 2⁰. 118 ff. lat.

Hain 15464. [„Est Beati Rhynaw Schletstattinij]. Ma. pro. Parrhisijs Anno uirginei partus 1503."]

81 (24) Aristoteles. [Aegidius Columna s. de Roma, ord. Erem. S. August.] Expositio dni Egidii Romani super libros de Anima c. textu. De materia celi contra Averroim. De intellectu possibili. De gradibus formarum. — Venet. per Simon. de Luere. 18. April 1500. 2⁰. 110 ff. 2 col. got.

Hain 132.

82 (25) Capella (Marcianus) De nuptiis Philologiae et Mercurii libri duo. De grammatica. De dialectica. De rhetorica. De geometria. De arithmetica. De Astronomia. De musica libri septem. — Vincentiae An. Mcccc.xcix.xvii. cal. Jan. per Henr. de Sancto Ursu. 2⁰. 116 ff. l.

Hain 4270.

1504.

83 (1) Bigus Pictorius (Ludovicus) Ferrariensis. Opusculorum christianorum libri tres eloquentissimi sanctissimique. — Impress.

59

Mutinae per M. Dominicum Rococialam. Anno: MCCCC
XXXXVIII. Die VII. Augusti. 4⁰. 76 ff. lat.
[„Est Beati Rhenani Schletstattini parrhisijs. 1504."]

84 (2) **Dion** (Chrysostomus) Prusensis philosophus. [Philelphus
(Franciscus) Tolentinus]. Dion de troia non capta. — Parisius
impr. a Magistro Anthonio denidel s. a. 4⁰. 18 ff. got.

85 (3) **Erasmus** (Desiderius) Roterodamus. Lucubratiunculae Aliquot
Erasmi canonici ordinis diui Augustini perquam vtiles adolescentibus. Epistola exhortatoria ad capessendam virtutem ad
generosissimum puerum Adolphum principem veriensem. Pre-
catio quam erudita tum pietatis plena ad Jesum dei virginis-
que filium. Paean in genere demonstrativo virgini matri di-
cendus. Obsecratio ad eandem semper gloriosam. Ode de
casa natalicia pueri Jesu. Enchiridion militis christiani salu-
berrimis praeceptis refertum contra omnia viciorum irritamenta
efficacissimis et ratio quaedam veri Christianismi. Disputa-
tiuncula de pauore tedio, moestica Jesu quam habuit instante
passionis hora, cum nonnullis aliis. — Hantuerpiae p. Theoder.
Martinum An. sal. supra millesimum quingentesimo tercio
Mensis Februarii XV. 4⁰. 110 ff.
[„Est Beati Rhenani Schletstattini. Anno Humanae reparationis 1504.
parrhisijs. ma. pro."]

86 (4) **Gaguinus** (Robertus). Roberti gaguini iuris canonici interpretis
epistole. Orationes. De conceptione virginis defensio. De eadem
conceptione ad fratres sui ordinis oratio. De arte metrificandi
praecepta. Epigrammata De christi morte atque resurrectione.
Item de miserijs humane vite : et contra poesis detractatores
breues tractatuli metro scripti. — Paris. per magistrum Andr.
Bocard. Anno domini Mcccc.xcviij. Nouemb. secunda et vige-
sima. 4⁰. 106 ff. got. (a. h. A. E).
Brunet II. 345b.

87 (5) — De varijs vite humane incommodis Roberti gaguini elegia.
Hanc in via Sancti Jacobi ad signum capitis diui dyonisij
venalem reperies. (Paris). — s. l. e. a. 4⁰. 4 ff. lat.
[Fehlt Brunet.]

88 (6) — Ars versificatoria roberti gaguini. | Marke des Jeh. Petit|s. l.
e. a. (Paris). 4⁰. 28 ff. got. Angehängt (f⁰ dᵇ): Eiusdem Roberti gaguini apud corduba febre grauiter egrotantis : ad dni
saluatoris matrem Oratio cum aliis quibusdam epigrammatibus.
[Fehlt Brunet.]

89 (7) **Picus** (Johannes) Mirandulae Comes. Auree Epistole. — s. l. (Parisijs ?). per Michaelem le noir. Anno. D. Mcccclxxxxix. 4⁰. 30 ff. lat.
Hain 12996.

90 (8) **Prudentius** (Aurelius Clemens). Prudentius De conflictu virtutum et viciorum. — [Paris.] per Anthonium denidel [cᵃ 1500]. 4⁰. 24 ff. got.
[„Est Beati Rhinaw Schletstattini. Anno domini 1504, parrhisijs. ma. pro."]

91 (9) **Saxonia** [Albertus (?) de]. Obligationum tractatus s. l. e. a. [Paris. cᵃ 1500]. 4⁰. 14 ff. 2 col. got.

92 (10) **Vergerius** (Petrus Paulus). De ingenuis moribus. (Leonardi Aretini) Traductio de tirannide ex xenophonte. **Guarini** veronensis in plutarchis (sic) prefatio (Plutarchi de liberis educandis). **Hyeronimi** (sic) presbyteri de officiis liberorum erga parentes brevis admonitio (Enthält als 2. Stück ausserdem, was auf dem Titel nicht vermerkt : **Basilius Magnus** de legendis antiquorum libris). — Parisius per Guidonem Mercatoris M. CCCCLXXXXIIII. die xxi. nouembris. 4⁰. 38 ff. got.
Hain 15995.

93 (11) **Athenagoras. Xenocrates. Cebes.** Athenagoras de resurrectione. Xenocrates platonis auditor de morte. Cebetis thebani Aristotelis auditoris tabula : miro artificio vite instituta continens. — s. l. e. a. [Paris. Guido Mercator.] 4⁰. 8 ff. got.
[Fehlt Brunet.] — Das Werkchen des Athenagoras wurde später von Rhenanus mit anderen vereint herausgegeben: Aeneae Platonici Christiani de immortalitate... Athenagoras Atheniensis de resurrectione, Marsilio Ficino interprete etc. etc. Basil. Joh. Froben Mense VIIIbis. An. MDXVI. 4⁰. cf. Knod i. Centr. Bl. f. Bibl. Wes. 1885. S. 268. Das vorliegende Exemplar der Pariser Ausgabe trägt Korrekturen von Rhenanus' Hand und deutliche Spuren, dass es in der Druckerei als Vorlage des Frobenschen Druckes gedient hat. Rhenanus schreibt in der Vorrede seiner Ausgabe an P. Volz (8. September 1516): Adieci huic dialogo sc. (Aeneae Platonis) velut auctarium Athenagorae quaedam Atheniensis eodem pertinentia et Xysthi philosophi γνωμίδια hoc est sententiolas ad antiquum exemplar, quod apud divam Fidem Selestadii habetur a me nuper recognitas. Das hier genannte Werk des Aeneas Platonicus war ihm von Hummelberg aus Rom zugeschickt worden.

94 (12) **Lucianus. Brutus. Diogenes.** Palinurus. Scipio romanus. Heroica in amorem. Asinus aureus. Bruti romani epistole. Diogenis cynici epistole. 4⁰. 38 ff. got. — Impressa sunt Auinione impensa Nicolai Tepe civis Auinionensis. Mcccc. xcvij. Idibus octobris.
Hain 10268.

95 (1ı) **Plinius** (C. Caecilius) Secundus. [Beroaldus (Philippus) Bononiensis.] Epistole. — Parisius. per Joh. Lambert. s. a. 12⁰. 172 ff. lat.

["Est Beati Rhenanj Sletstattinj Christianae salntis Anno 1505. Parrhisija manu propria." Auf dem Titelblatt dagegen: „1504".]

96 (14) [Aristoteles, Porphyrius]. **Boëthius.** Boetii opera. 2⁰. got. P. I.: 204 ff. P. II.: 74 ff. — Venet. per Joannem et Gregorium de Gregoriis fratres. Anno 1499. die 8. Julij. P. III.: 96 ff. — Venet. per Joannem de Forliuio et Gregorium fratres. Anno salutis. Mcccclxxxxvii. die X. Februarij.

Genaue Inhaltsangabe bei Hain 3352. [„Est Beati Rhynaw Schletstattini Anno Domini 1504. Parrhisija. ma. pro: Fa. Stap. Latinae philosophiae Schola tantum Boetio debet quantum Tullio rhetorica."]

97 (1ₛ) **Aristoteles.** [Aegidius Romanus.] **Gnidius Posthumus.** Expositio Dni Egidii Romani super Libros Priorum Analeticorum (!) Aristotelis, cum textu eiusdem. Gnidii Posthumi Pisaurensis philosophie culloris accuratissimi Dialogus. — Venet. per Simonem de Luere. xxvij. Septembris. Mccccxcix. 2⁰. 86 ff. got.

Hain 133. [„Est Beatj Rhenanj Sletstattinj. Anno sal. 1504 parrhisija ma: pro."]

98 (16) **Aristoteles** [Aegidius Romanus] Expositio Egidij romani super libros posteriorum. Aristotelis tum textu eiusdem. — Venet. per Bonetum Locatellum. IV. Kal. Janua. 1495. 2⁰. 134 ff. got.

Hain 138. [„Est Beati Rhynow. Schletstattinj. Anno Dni 1504. parrhisij ma: pro:".]

99 (17) **Aristoteles** [Georgius Bruxellensis (Thomas Bricot)] f. 1. Druckerzeichen. f. 2: Incipiunt questiones super philosophiam Ar. cum interpretatione textus eiusdem edite a magistro Georgio et per magistrum Thomam bricot emendate. f. 1—71: Libri VIII Phisicorum Aristotelis. f. 71—72: Questio addita per mag. Thomam bricot, f. 72ᵇ—90ᵇ Libri II De Celo & Mundo. f. XCIᵃ—CXVII: Libri II de Generatione & Corruptione. f. CXVIIᵃ—CXXXVᵇ. Libri III Metheorum. f. CXXXVᵇ— CIXXVIIᵇ : De Anima. Liber de Sensu & Sensato. Liber de Sompno & Vigilia. De Memoria & Reminiscentia. Liber de Longitudine & Breuitate vite. — Parisius per Vuolffgangum hopyl. Anno Dni MCCCCxci. die xxiii mensis Junii. 2⁰ 178 ff. 2 col. got.

[„Est Beati Rhynow Schletstattinj emtus Parhisija. Anno Gratiae 1504. ma pro."]

100(18) **Bovillus** (Carolus) Samarobrinus. [Faber (Jacobus) Stapul.]
In artem oppositorum introductio. — Paris. Ex officina Vol-
gangi Hopylij. anno 1501. die 24. Decembris. 4⁰ 6 Bll. lat.
Fehlt Panzer, Brunet und Graf.

101(19) **Aristoteles** [Laurentius Laurentianus Florentinus]. Laurentianus Florentinus In Librum Aristotelis de Elocutione (s.
de Interpretatione). — Venet. per Simonem de Luere. Anno
natiuitatis. 1500. Die vero. 8. Januarij. 2⁰. 12. ff. got.
Hain 9947. [„Est Beatj Rhenanj Sletstattinj. Anno salutis 1504. Ma.
pro. parrhisijs."]

102(20) **Aristoteles.** Questiones sex librorum Metaphysices: vna cum
textus explanatione: pro ritu famatissime parisiorum Academie.
— Paris. Anthon. Caillaut. (c⁴ 1490). 2⁰. 34 ff. got. 2 col.

103(21) **Bovillus** (Carolus) Samarobrinus [Molinaris (Joannes)].
Metaphysicum introductorium cum opusculo communium ad
metaphysicam spectantium. (f. 27ᵇ : Joannes Molinaris suo
Fabro Stapulensi Salutem. Ex tuo cardinale. 25. Januar.
[1503]). — Paris. Guido Mercator. Anno 1503. Mense Januario
die tricesima eiusdem. 4⁰. 28 ff. lat.
Panzer VII. 504. 41.

104(22) **Campanus** Syracusanus. **Boëthius** [Gauricus (Lucas) Jupha-
nensis Neapolit.] Tetragonismus i. e. circuli quadratura per
Campanum archimedem Syracusanum atque Boetium mathe-
maticae perspicatissimos adinuenta. — Venet. per Joan.
Bapti. Sessa. Anno ab incarnatione Domini, 1503. Die 28.
Augusti. 4⁰. 32 ff. lat.

105(23) **Euclides. Boëthius. Campanus.** [Thomas Bravardinus.]
(Cirvellus (Petrus) Darocensis.) Geometria speculatiua Thome
brauardini recoligens omnes conclusiones geometrices stu-
dentibus artium et philosophie Aristotelis valde necessarias
simul cum quodam tractatu de quadratura circuli nouiter
edito. — Parisius in campo gailiardi. Guido Mercator. Anno
Dni 1495. die 20. maij. 2⁰.

106(24) **Sacro Busto** S. Bosco. (Johannes de) Anglicus. **Aliaco**
(Petrus de). [Cirvellus (Petrus) Darocensis.] Tractatus de
sphera mundi Johannis de sacrobusto. Vna cum textualibus
optimisque additionibus ac vberrimo commentario Petri
Ciruelli darocensis atque insertis persubtilibus quaestionibus

Petri de Aliaco. — Paris, Guido Mercator. Anno dominice
natiuitalis 1498, in mense Februarii. 2⁰. 102 ff. got.

Ilain 5363. [„Est Beati Rhynow Schletstattini. Anno Humanae Instau-
rationis. 1504. Parrhisija."]

107(25)Aliaco (Petrus de). Tractatus de anima editus a domino
Petro de Alliaco. — Paris. per Joh. Lambert. An. 1503.
xxii. die Augusti. 4⁰. 30 ff. got.

Panzer VII. 507. 63.

108(26)Aliaco (Petrus de). Tractatus exponibilium magistri Petri de
Aillijaco. — Paris. impressus ab Anthonio caillaut. Anno dni
et cetera. 4⁰. 26 ff. 2 col. got.

109(27)Aliaco (Petrus de). Conceptus et Insolubilia Petri de alyaco.
— Paris. Durand. Gerlier. Anno dni 1501. die VIII. mensis
Martii. 4⁰. 18 ff. 2 col. got.

110(28)(Petri de Alliaco?) Destructiones modorum significandi. —
s. l. e. a. 4⁰. 12 ff. 2 col. got.

111(29)Buridanus (Johannes). (Dorp Johannes.) Commentum magistri Johannis dorp super textu summularum magistri Johannis Buridani. — s. l. per Janonum Carcani impr. an. dom.
Mcccc nonagesimo nono. die xxj. 2⁰. 158 ff.

Haln 6401. [„Est Beati Rhynow Schletstattinj. Parrhisiis ma. pro. Anno
saluatoris Entis Entium 1504."]

112(30)Fantinus (Albertus) Bononiensis. fr. minor. Liber terminorum.
— Paris. Guido Mercator. Anno domini 1499. die 4. octobris.
4⁰. 8 ff. 2 col. got.

[„Est Beati Rhynaw Schletstattini. Anno salutis 1404 (sic). In alma
Parrhisiorum Academia ma : pro : "].

113(31)Michaelis [M(agister ?) N(oster ?)]. Argumenta communia ad
inferendum sophistice vnamquamque propositionem esse
veram et esse falsam. — s. l. e. a. 4⁰. 12 ff. 2 col. got.
Opusculum perutile quod destructio naturarum communium contra
eos qui res vniuersales aut naturas communes ponunt in-
scribere : Incipit feliciter. — s. l. e. a. 4⁰. 16 ff. 2 col. got.

114(32)Hermes s. Mercurius Trismegistus. [Ficinus (Marsilius)
Florentinus.] Liber de potestate et sapientia Dei per Mar-
silium Ficinum traductus. — Paris. per Vuolffgang. hopyl.
An. M.cccc.xciiij. pridie Kal. Augusti. 4⁰. 38 ff. got.

Hain 8462. [„Est Beati Rhenani Sletstattini. Anno humanae reparationis 1504. Parrhisija. Ma : pro :"].

64

115(33) **Plato** [Agricola (Rodolphus) Frisius]. Axiochus Platonis de contemnenda morte. (Signet.) verundatur (!) ab alexandro haliatte mediolanensi sub leunculis aureis e regione collegii italorum in monte diui hilarii. — s. l. e. a. 4⁰. 4 ſſ. lat.

1505.

116(1) **Cebes** Thebanus [Odaxius (Ludovicus) Patavinus]. Tabulae e greco in latinum conuersa per Ludovicum Odaxium Patavinum. — Paris. Guido Mercator. An. MCCCC. xcviii. die xviii. Aug. 4⁰. 6 ſſ. got.
Es fehlt Sign. a; also wohl Fragment.

117(2) **Dionysius** Afer [Baccharia s. Becharia (Antonius) Veronensis.] De situ orbis (interprete Antonio Baccharia). — Parrhis. An. MCCCCCI.XXIX. Mens. Maij. s. n. typ. (Joh. Lambert). 4⁰. 16 ſſ. lat.

118(3) **Plutarchus** [Budeus (Guilelmus Parisiensis)]. Plutarchi Cheronei de Placitis Philosophorum libri a Guilielmo Budeo latini facti. — Parrhisijs accuratione Ascensiana Anno domini 1503. IV. Id. Jul. 4⁰. 28 ſſ. lat.
[„Est Beati Rhenanj Schletstattinj : Diuinae operationis (vt est apud Magnum Dionysium) anno supra sesquillesimum quinto. Ma . pro . parrhisijs."]

119(4) **Sallustius** (C. Crispus) [Laetus (Pomponius)]. Caij Crispi Salustij Opera cum plusculis additamentis (Ascensii). — Parrhis. Ascens. Anno M.DIIII.XII. cal. Decembr. 8⁰. 200 ſſ. got. u. lat.

120(5) **Solinus** (C. Julius). [Badius (Judocus) Ascensius.] Solinus de memoralibus mundi diligenter annotatus & indicio alphabetico praenotatus (ab Ascensio). — Parrhis. accuratione Ascensiana. Anno domini 1503. IV. id. Julias. 4⁰. 48 ſſ. lat.
Panzer VII 506. 54.

___

121(6) **Aurelius Victor** (Sextus). [Jucundus (Johannes) Veronensis]. De vita et moribus imperatorum Romanorum a Caesare Augusto usque ad Theodosium. — Parrhis. Jod. Badius Asc. An. MDIIII ad III Cal. decembr. 8⁰. 24 ſſ.
Panzer VII 509. 79. [„Est beati Rhenanj Sletstattinj. Parrhisijs. 1505 Ms. pro."]

122(7) **Beroaldus** (Philippus). Orationes & poemata. Paris. s. n. typ. (Ascensius). An. 1499. xii. mens. octob. 4⁰ 76 ſſ. lat.
Hain 2954.

123(8) **Burrus**(Petrus) Brugensis. [Badius (Judocus) Ascensius]. Moralium Magistri Burri Carminum Libri nouem cum argumentis
et vocabulorum minus vulgarium compendiosa explanatione
(Judoci Badii). — Parrhis. Ascens. xx Martii. An. M.DIII.
4⁰. 180 ff. lat.
Panzer VII 506. 49.

124(9) **Burrus** (Petrus) Brugensis. [Badius (Judocus) Ascensius].
Paeanes quinque festorum diue virginis marie et quidam
alij eiusdem hymni: a Magistro Petro Burro Ambianensi
canonico et viro disertissimo editi. Et ab Ascensio perquam
familiariter expositi. — Parrhis. in edibus Ascensianis. s. a.
(1505) 4⁰. 112 ff. got.
[„Est Beati Rhenani Sletstattinj Apud Parrhisios. 1505. Ma. pro."]

125(10) **Paulus. Jacobus. Petrus. Johannes. Judas** Apostoli. [Delphus
(Aegidius). Badius (Jodocus) Ascensius.]. Epistolae Beati Pauli
Apostoli et beatissimorum Jacobi. Petri. Joannis & Judae Epis-
tolae canonicae. Cum argumentis delphicis & Scholiis seu po-
stillis Ascensianis. — Paris. per Jod. Badium Ascen. Ad quartum
‛ Cal. Decembr. Anni MDIII. 4⁰. 144 ff. lat.
[„Est Beati Rhenani Sletstattinj Apud parrhisios 1505. Ma. pro."]

126(11) **Philelphus** (Franciscus). Orationes cum quibusdam aliis operibus. — Paris. opera Ascensiana. VI. Id. mart. pro calculo Romano a. MDIIII. 4⁰. 180 ff. lat.
Panzer VII. 509. 78.

127(12) **Picus** (Johannes) Mirandulae comes. [Picus (Johannes Franciscus) Mirand. comes.]. Commentationes Joannis Pici .. quibus
anteponitur vita per Joannem Franciscum illustris principis Ga-
leotti Pici filium conscripta. — Bonon. Bened. Hectoris. An.
Mccccxxxxvi. die xx. Martii. 2⁰. 152 ff. lat. || Disputationes
Joannis Pici adversus astrologiam. — s. l. e. a. [Bonon.
Bened. Hectoris. An. Mccccxxxxvi.]. 2⁰. 120 ff. lat.
Hain 12992 (doch passt die Beschreibung nicht vollständig auf vor-
liegendes Exemplar). [Beide Teile tragen von Rhenanus Hand die Inschrift:
„Est Beatj Rhenanj Sletstattinj. Anno post natum saluatorem 1505. parisijs
Ma. pro." Die von t. I etwas abweichend.]

128(13) **Ricius** (Michael) orator Ludovici XII regis Franciae. Oratio
Romae habita ad Julium II pontif. maxim. Maximi Coruini
Hierosolimitani equitis aurati et Pherni oratoris ad Jacobum
Antiquarium cum eiusdem responsione. — Paris. Ex offic.
Ascensiana. VII.. Cal. Aug. MDV. 4⁰. 8 ff. lat.
[„Est Beati Rhenanj Seletstattini: Salutis Anno supra sesquimillesimum
quinto parrhisijs Ma. pro."]

5

G6

129(14)**Sabellicus** (M. Antonius Coccius) Historiogr. venet. Opera: Orationes, Epistolae, Poemata. — Impr. per Albertinum de Lisona Vercellensem. MCCCCC . II. die XXIIII. Decemb. 2⁰. 210 ff. lat.

Panzer VIII 357. 145. [„Est Beatj Rhenanj Sletstattinj. Anno Humanae salutis. 1505. In lutetia parrhisiorum. Ma. pro."]

130(15)**Sedulius** (Coelius) presbyter, poeta christian. [Chappusotus (Nicolaus)]. Mirabilium diuinorum libri quinque: cum hymno et carmine elegiaco eiusdem. — s. l. e. a. 4⁰. 46 ff. got.

[„Est Beati Rhenanj Selestattinj. A. D. 1505. Parisija."]

131(16)**Tertullianus** (A. Septimius Florentius). Apologeticus adversus gentes. — s. l. e. a. 2⁰. 20 ff. lat.

[Mit Nr. 145 in einem Bande mit der Inschrift: „Est Beati Rhinow Schletstattini. Anno post natum saluatorem 1505. parrhisiis. ma. pro."]

132(17)**Vergilius** (Polydorus) Vrbinas. De Inventoribus Rerum Libri tres. — Paris. per Rogerum augrain & Franciscum Bignet. An. 1501. V. mensis Martii. 4⁰. 90 ff. lat.

133(18)**Vespuccius** (Albericus) Florentinus. — Albericus vespuccius laurentio petri francisci de medicis Salutem plurimam dicit. (De nauigatione ab eo & classe & impensis & mandato serenissimi portugalie regis in nouum mundum facta. Ex italica in latinam linguam per iocundum interpretem versa. — s. l. e. a. (Paris. Joh. Lambert ca. 1501.) 4⁰. 6 ff.

Brunet IV. 590b.

134(19)**Zambecharius** (Franciscus) eques & poeta laureatus. Elegiarum liber de amoribus Chryseae et Philochrysi. — Parrhis. Tielman Keruer prid. Cal. Jan. 1498. 4⁰. 32 ff. lat.

Hain 16271. [„Est Beati Rhenanj. Parrhisija. 1505. Ma. pro."]

135(20)**Aristoteles** [Argyropulos (Johannes) Constantinop.] Delphus (Aegidius). Badius (Jodocus) Ascensius. Aethica s. moralia Aristotelis ex traductione Joannis Argyropyli ab Aegidio Delpho singulorum capitum argumentis praenotata & ab Ascensio indice et annotatiunculis illustrata. — [Parisii] Joh. Lambert. An. 1503. Kal. Jun. 4⁰. 116 ff. lat.

136(21)[**Aristoteles**]. Faber (Jacobus) Stapulensis. Ars moralis in magna moralia Aristotelis introductoria. — Parisij per mag. Guid. Mercatorem. An. Mcccc.xcix. Die xix. Februarij 4⁰. 14 ff. got.

Hain 6838. Graf S. 223. [„Est Beati Rhenani Sletstattini. Anno 1505 Apud parrhisios. Ma. pro."]

137(**)[Aristoteles] **Faber** (Jacobus) Stapul. (Clichtoveus Jodocus).
Artificialis introductio per modum Epitomatis in decem libros
Ethicorum Aristotelis adiectis elucidata commentariis. — In
alma Parhisiorum academia per Wolffgangum hopilium & Henr.
Stephanum. An. 1502. septimo Maij. 2⁰. 58 ff. lat.

> Renouard, Annal. de l'Imprimerie des Estienne p. 1. — Erstes Werk
> aus der Officin des Henr. Stephanus. Graf 8. 224. [„Est Beati Rhenani
> Schletstattinj. Anno Dni Virtutum supra sesquimilesimum quinto. Parhisiis
> ma. pro."]

138(**)**Lullus** (Raymundus) Ord. minor. **Blaquerne.** [F a b e r (Jacobus) Stapul.] Primum volumen contemplationum Remundi
duos libros continens. Libellus Blaquerne de amico et amato.
— Parisiis An. MCCCCC. V. X. decembris. s. n. typ. (Henr.
Stephanus) correctore Rhenano. 2⁰. 94 ff. 2 col. got.

> Fehlt Renouard und Graf. [„Est Beatj Rhenanj Parrisijs 1505. ma. p."]

139(**)**Sacro Busco** (Johannes de). Opus sphaericum cum com-
mentis Cicchi Esculani, Francisci Capuani et Jac. F a b r i
S t a p u l e n s i s. — Venet. per Simonem Papiensem dictum
Bivilaquam. An. MCDXCIX. decimo Cal. Nov. (C. Theorica
noua planetarum Georgii Purbachii). 2⁰. 150 ff. lat.

> Hain 14125. [„Est Beatj Rhenanj Sletstattinj. Anno. Humanae prepa-
> rationis. post sesquimillesimam quinto. In celeberrimo parhilsiorum gym-
> nasio : ma. pro."]

140(**)**Cleomedes. Aristides. Dion. Plutarchus** [V a l g u l i u s (Caro-
lus) Brixianus]. Cleomedis de contemplatione orbium excelso-
rum dissertatio. Aristidis & Dionis de concordia orationes.
Plutarchi praecepta connubialia & de uirtutibus morum
(Carolo Valgulio Brix. Cardinalis ualentini secretario interpr.)
— Brix. per Bernard. Misintam a. Mcccclxxxx. vii. die iii.
April. 4⁰. 72 ff. lat.

> Hain 5450. [„Est Beati Rhenanj Parisijs. 1505. m. p."]

141(**)**Ephrem** Syrus, Edissenae ecclesiae Diaconus. [F r. A m-
b r o s i u s Camaldulens.] Sermones Ingeniosissimi ac sanctissimi patris Ephrem per fratrem Ambrosium Camaldulen-
sem de greco in latinum conversi. — Parrhis. Guido
Mercator 1505. Febr. die xiiii. 4⁰. 104 ff. lat.

> Panzer VII 511. 97.

142(**)**Lombardus** (Petrus). **Duns** (Johannes) Scotus, Ord. Minor.
[G r i l l o t (Johannes) & C a p e l l u s (Antonius) Ord. Minor.]
Aurea quarti sententiarum (Petri Lombardi) Expositio cum
quaestionibus (Johannis Scoti) a Johanne grillot & Antonio

capelli emendata. — Paris. Andreas bocard. Die xxiii Novembris. MCCCCxcvij. 2⁰. 316 ff. 2 col. got.

Hain 6431. [„Est Beati Rhenanj Seletstattinj. Benignissimi Redemptoris nostri Anno 1505. ma. pro. in celeberrima parrhisiorum lutetia."]

143(ss)**Mancinus** (Dominicus). Libellus de quattuor virtutibus et omnibus officijs ad bene vivendum. — Parhis. per Gaspardum Philippe. s. a. 4⁰. 40 ff. lat.

144(ss)**Melanus** (Anselmus) de Monte Meiano. Enchiridion naturale Anselmi Meiani continens sexaginta questiones. — Parrhis. 1500. V. Nouemb. s. n. typ. 4⁰. got. 2 col.

[„Est Beati Rhynaw. Schletstattinj. Manu propria parrhisije. 1505."]

145(so)**Sabunde** (Raymundus de) in artib. & medic. doctor. Theologia naturalis. s. liber creaturarum. — Nuremberg. per Anthon. Koberger. An. 1502. 23. Sept. 2⁰. 134 ff. got. 2 col.

Panzer VII. 440. 10.

146(si)**Tartaretus** s. Tateretus (Petrus). Questiones morales in octo capita distincte. — Paris. An. 1504. VIII. Mensis Augusti. s. n. t. (Ascensins) 4⁰. 56 ff. 2 col. got.

1506.

147(1) **Censorinus** etc. Censorinus de die natali (Phil. Beroaldus). Tabula Cebetis (Lud. Odaxius). Plutarchus de Inuidia & Odio. Basilii Epistola de vita solitaria (Nic. Perottus). — s. l. e. a. 4⁰. 42 ff. lat.

Hain 4846. [„Est Bea. Rhenanj 1506. Parisija".]

148(s) **Euripides** [Erasmus (Desiderius) Roterod.] Hecuba et Iphigenia latinae factae Erasmo Roterodamo interprete. — Paris. Ex officina Ascensiana ad Id. Sept. MDVI. 2⁰. 66 ff. lat.

[„Est Beati Rhenani MDVI Parisija".]

149(s) **Lucianus** [Erasmus (Desiderius) Roterod.] Morus (Thomas) Anglic. J. Luciani compluria opuscula longe festivissima ab Erasmo Roterodamo & Thoma Moro interpretibus optimis in latinorum linguam traducta. — Paris. Ex officina Ascensiana Ad Id. Novembr. MDVI. 2⁰. 84 ff. lat.

[„Est Beati Rhenani Selestattini".]

150(4) **Plinius** (Cajus) secundus. [Beroaldus (Philippus). Johannes (Henricus) Nouimagen.] Praefatio C. Plinij Se. in Libros Naturalis historiae per Henricum Joannem & ore Philippi Beroaldi castigata. Item eiusdem C. Plinij. de hominum miseriis caput per eundem henricum castigatum. — s. l. e. a. (Parisijs). 4⁰. 8 ff. lat.

151 (5) **Plutarchus** [Budaeus (Guilelmus) Parisiensis]. Plutarchi Chaeronei: ex interpretatione Guilielmi Budei tria hec opuscula. De Tranquillitate & Securitate animi Lib. I. cui accessit eodem interprete laudatissima Basilij magni epistola de vita per solitudinem transigenda. De fortuna Romanorum ex Plutarcho Lib. I. De fortuna vel virtute Alexandri Libr. II. (f. 2ₐ: Jacobus Stapulensis Guillielmo Budeo. Paris. cal. oct. 1505.) — Paris. in aedib. Ascensianis ad. Id. Octobr. 1505. 4⁰. 60 ff. lat.

["Est Beati Rhenanj Parrhisijs".]

152 (6) **Suetonius** (Cajus) Tranquillus. De Grammaticis et Rhetoribus claris libellus. — s. l. e. a. (Venet. ap. Bernardinum Venetum de Vitalibus ca. 1499 cf. Petronii fragmenta.) 4⁰. 8 ff.

---

153 (7) **Athanasius.** De Homoousio. **Didymus.** De spiritu sancto. **Aurelius Cassiodorus.** De anima rationali. **Cyprianus** de cardinalibus xpi operibus sermones. — Paris. Andreas Bocard An. 1500. ad IV. Cal. Julias. 2⁰. 58 ff. got.

Hain 1906.

154 (8) **Eusebius. Augustinus. Cyrillus.** Transitus beati Hieronymi. — Paris. Guido Mercator. An. M. cccc. lxxxxviij. die VII August. 4⁰. 44 ff. got.

155 (9) **Juvencus** Presbyter [Badius (Jodocus) Ascensius]. Historia evangelica versibus conclusa. — Paris. In aedib. Ascens. An MCCCCCVII. 4⁰. 94 ff. got.

Panzer VII 518. 189. ["Est Beati Rhenani. Parisiis 1506. m. p.".]

---

156 (10) **Bona spes** Trecensis. Libellus de lepidis grauium virorum epistolis. s. l. e. a. 4⁰. 8 ff. lat.

Panzer VIII 219. 2829.

157 (11) **Vivaldus** Johannes (Ludovicus) ord. praedicator. [Cavacia (Franciscus) iur. utriusque doctor.] Opus de veritate contritionis. — Paris. mag. Joh. Seurre alias de Pica. Anno 1506. Die XII. mens. Aug. 8⁰. 178 ff. got.

[Panzer VII 521. 179?.]

---

158 (12) **Bovillus** (Carolus) Samarobrinus. De artium constitutione & utilitate libellus ad Jacobum Fabrum Stapulensem — s. l. e. a. [Paris. Gaspard Philippe ca. 1506.] 4⁰. 24 ff. lat.

159(13) **Branardinus** (Thomas). [Cirvellus (Petrus Sanchez) Darocensis Hispanus]. Arithmetica. — Parisius, Joh. Lambert.
An. 1505. die 31. octobr. 4⁰. 16 ff. got.

160(14) **Cirvellus** (Petrus Sanchez) Darocensis Hispanus. Tractatus
Arithmetrice Practice qui dicitur Algorismus. — Parisius.
Joh. Lambert. An. 1505 die 6. Nouembr. 4⁰. 14 ff. got.

161(15) **Faber**(Jacobus) Stapulensis. [Clichtoveus (Judocus) Neopor-
tuensis]. Jacobi Fabri Stapul. Artificiales nonnullae Introductiones per Judocum Clichtoueum in unum diligenter collecte
familiarique commentario per eundem declarate. [Titel: In
hoc opusculo continentur introductiones: In terminos. In
artium diuisionem etc.] — Paris. Henr. Stephanus 1505.
XV. Januarij. 4⁰. 154 ff. got.

Fehlt Renouard. Graf 8. 227. [„Est Beati Rhenanj Parisijs MDVI. ms.
pro."]

162(16) **Aristoteles** [Tartaretus]. Expositio magistri Petri Tatereti
super textu logices Aristoteles. — s. l. e. a. kl. 2⁰. 130 ff.
2 col. got.

Hain 15339.

163(17) **Faber** (Jacobus) Stapulensis. [Bovillus (Carolus) Samarobrinus.] Ars suppositionum Jacobi Fabri Stapul. adiectis passim
Caroli bouilli viromandui annotationibus. — Paris. Felix
balligault. 1500. XXVII. Junii 4⁰. 56. ff. lat.

Graf 8. 227.

164(18) **Aristoteles.** [Hispanus (Petrus), postea Johannes XX Papa.
Tartaretus (Petrus)]. Expositio magistri Petri Tatereti in
summulas Petri hyspani cum textu. — Paris. An. M CCCCC . VI.
— s. n. typ. (Nic. Wolff?). kl. 2⁰. 98 ff. 2 col. got.

165(19) **Aristoteles** [Faber (Jacobus) Stapul.]. Totius philosophie
naturalis paraphrases. (Octo physicorum. Quattuor de celo
& mundo. Duorum de generatione & corruptione. Quattuor
metheorum. Trium de anima. Libri de sensu & sensibili.
Libri de Somno & Vigilia. Libri de longitudine & breuitate
vite. Dialogi ad Physicorum introductorij duo. Introductio-
Metaphysica. Dialogi quattuor ad Metaphysicorum intelli

gentiam introductorij. — Paris. Henr. Stephanus. 1504. II. die
Dec. 8⁰. got.

Fehlt Panzer und Renouard; auch Graf hat kein Exemplar gesehen.
[„Est Beatj Rhenanj Selestattensis M. D. VI. Parisija.“]

166(₂₀) **Aristoteles** [Faber (Stapulensis) Jacobus]. Decem librorum
Moralium Aristotelis tres conuersiones etc. Inhalt: *a)* Decem
Libri Ethicorum Aristotelis ex Traductione Argyropili Byzan-
tini. Commentarius in eundem. *b)* Magna moralia Aristotelis
Interprete Georgio Valla Placentino (Faber: „notas ad latus
pauculas adieci ubi littera se obscuriorem offerebat"). *c)* Dialogus Leon. Aretini de moribus ad Galeotum amicum, dialogo
paruorum moralium Aristotelis ad Eudemium amicum suum
respondens, paucis ex posterioribus a Leonardo adiectis (ein
„introductorius dialogus"). *d)* Jacobi Stapulensis Artificialis
Introductio per modum epitomatis in decem libros ethicorum
Aristotelis. *e)* Decem ethicorum Aristotelis ex traductione
Leonardi Aretini. *f)* Operis ethicorum ad Nicomachum antiqua
traductio. — Paris. Henr. Stephanus. Anno M. D. V. die V.
mensis Augusti. 2⁰. lat.

Fehlt Graf. Auch aus Renouards Angabe (p. 3) geht nicht hervor, dass
Faber bei dieser Ausgabe beteiligt war.

167(₂₁) **Aristoteles** [Tartaretus (Petrus) Paris. theologus.] Cla-
rissima singularisque totius philosophie nec non metaphysice Aristotelis magistri Petri Tatareti Expositio. — Impress. per Nicol. Wolff Alemanum. An. M.D.VI. die XXVI.
octobr. (Parisii.) kl. 2⁰. 150 ff. 2 col. got.

168(₂₂) **Aristoteles** [Aretinus (Leonardus). Faber (Jacobus) Stapul.]
Aristotelis Politicorum et Economicorum Libri ex traductione
Leonardi Aretini recognitore et elucidatore Jacobo Fabro
Stapulensi. [Titel: Contenta. Politicorum libri. Commentarij
etc.] — Paris. Henr. Stephanus. An. MDVI. nonis August.
Correctore Rhenano.] 2⁰. 184 ff. lat.

Renouard p. 4a. Graf S. 229. [„Est Beati Rhenanj Seleustattinj. Parisija.
M. D. VI. post Christum Σωτῆρα nostrum."]

169—170(₂₃—₂₄) **Balbi** opuscula etc. vgl. u.

171(₂₅) **Beroaldus** (Philippus) Bononiensis. Oratio Proverbiorum. —
Paris. Impress. in Bellouisu. An. 1505. die XXX mens. Junii
4⁰. lat.

Panzer VII. 514. 122.

172(₂₆) **Beroaldus** (Philippus) Bononiensis. Opuscula varia. — Paris.
in aedib. Ascensianis. An. MDV. ad cal. Decembr. 4⁰. 72 ff. lat.

Panzer VII. 513. 109.

173(₃₇) **Cusa** (Nicolaus de). Opuscula varia. P. I. De docta ignorantia libri tres. Apologia docte ignorantie etc. P. II. De visione dei. De pace fidei etc. — s. l. e. a. 2⁰. 102 & 170 ff. got.

Hain 5893.

174(₂₈) **P. Fausti Andrelini** opuscula. vgl. u.

175(₂₉) **Hermannus** (Guilelmus) Goudensis Theologus. Sylua Odarum. — Parrhisij Guido Mercator. An. 1497. XIII. cal. Febr. 4⁰. 42 ff. got. [(f. 2ᵃ): Guilelmo Hermano Goudensi Canonico diui Aurelij Augustini Robert. Gaguinus. Paris. XVI. cal. Oct. (f. 41ᵇ): Desyderius Herasmus Canonicus ordinis diui Aurelij Augustini Henrico Antistiti Cameracensi. S. d. Parrhis. 1496. Septimo Id. Nouemb.]

Hain 8452.

176(₃₀) **Hermes** s. Mercurius Trismegistus. **Lazarelus** (Ludouicus). [Ficinus. Faber.] Pimander s. de sapientia & potestate dei. Asclepius s. de voluntate divina (Ficinus). Crater Hermetis (Lazarelus). — Paris. Henr. Stephanus. An. M. D. V. cal. April. 4⁰. 82 ff. lat.

Renouard p. 3a. Graf S. 228. [„Est Beatj Rhenanj. Parrhisija. Ma. pro. M. D. VI."]

177(₃₁) **Inuectiva** in Faustum, Balbi calumniatorem. — s. l. e. a. 4⁰. 8 ff. got. (Paris ca. 1497.) vgl. u.

178(₃₂) **Phernandus** s. Fernandus (Johannes) Brugensis. Hore diue crucis. — s. l. e. a. [Paris. Ant. Denidel.] 4⁰. 8 ff. got.

179(₃₃) **Philelphus** (Franciscus) [Florentinus (Callistus) Andegavus.]. De educatione liberorum opus. — s. l. e. a. (Vorrede: Pictaviis. 16. Kal. Jul. 1500.) 4⁰. 134 ff. got.

180(₃₄) **Seissello** (Claudius de) iurisconsultus, Ludovici XII Francorum regis Consiliarius et orator. Ad Heinricum VII. Angliae regem Oratio in publico conuentu habita. — s. l. e. a. [Parisiis Jodoc. Badius Asc.] 4⁰. 8 ff. lat.

181(₃₅) **Tardivus** (Guilelmus) Aniciensis. Rhetorice artis ac oratorie Compendium. — s. l. e. a. 4⁰. 98 ff. (ohne irgend eine Signatur). lat. (schöne Rundschrift).

Brunet IV 394a („absque ulla nota sed Parisiis, per Petrum Cesaris et Johan. Stoll ca. 1475".)

182(₃₆)— Antibalbica seu antaccelina (Guillermi Tardiui Aniciensis in balbum imo accelinum defensio). — s. l. e. a. (Parisiis). 4⁰. 32 ff. got. Vgl. u.

183(₃₇)[Universitas Parisiensis.] — s. l. e. a. 4⁰. 6 ff. got. (Paris). Schrift gegen die studentischen Maskeraden.

1507.

184(₁) Curtius Quintus. De rebus gestis Alexandri Magni Regis Macedonum Lib. Tertius. (ed. Barthol. Merula). Epistolarum libri etc. (Rhenanus hierzu: „cuiusdam indocti impostoris.") — Venet. per Joa. de Cereto de Tridino alias Tacuinum. An. M.CCCCC.II. Die vltimo. Januarii. 2⁰. 82 ff. lat.

185(₂) Justinus. Florus (Lucius). Ruffus (Sextus). (Historiae et Epitomata). — Paris. s. a. (ca. 1506) Impr. in campo Gaillardo. 4⁰. 158 ff. lat.
[„Parisiis"].

186(₃) Macrobii De Somno Scipionis. nec non de Saturnalibus libri. — Brixiae per Angelum Britannicum. M.CCCCCI. Die. xviii. mensis Januarii. 2⁰. 158 ff. lat.
[„Est Beati Rhenani. Parisijs. M.D.VII".]

187(₄) Orosius (Paulus) Historiographus. Historiarum opus. — Parhis. in Bellouisu. An. M.cccccvi. die xxi. mensis Januarii. 4⁰. 142 ff. lat.
[„Est Beati Rhenani Parisiis."]

188(₅) Petronius. [fo. a.] Petronii Arbitri Satyrici Fragmenta Quae Extant. — Venet. per Bernard. Venetum de Vitalibus. An. Mcccc. xcix. die xxiii. mens. Julii. 4⁰. 20 ff. lat.
[„A Michaele de Benfelt accepi Parisiis"].

189(₆) Probi Aemilii. Historia excellentium imperatorum vitae. — Venet. Bernard. Venetum. s. a. 4⁰. 50 ff. lat.
[„Est Beati Rhenani Parisiis. M.D.VII."]

190(₇) Scriptores Historiae Augustae, seu Imperatorum Romanorum Vitae a Julio Caesare ad Numerianum a diuersis autoribus compositae (Caius Suetonius Tranquillus. Aelius Spartianus. Julius Capitolinus. Aelius Lampridius. Trebellius Pollio. Flavius Vopiscus. Eutropius. Paulus Diaconus.) — Venet. per Bernardinum Nouariensem anno a natali christiano Mcccc. lxxxviiii. Kal. Octobribus. 2⁰. lat.
Hain 14562. [„Est Beati Rhenani Parisiis 1507."]

74

191(8) **Suetonius** C. Suetonii Tranquilli De Grammaticis: Et
Rhetoribus Claris Libellus. — s. l. e. a. [Venet. per Bernard.
Venetum de Vitalibus c* 1499] 4⁰. 8 ff. lat.
["A Michaele de Benfelt accepi Parisiis."]

192(9) **Tacitus** Corn. Historiae Augustae (ed. Franc. Puteolanus). —
Venet. per Philippum Pinci. An. dni. M.cccc.xcvij. die xxij
Marcij. 2⁰. 114 ff. lat.
Hain 15222.

193(10) **Ptolemaeus. Cicero.** (Valla Georgius Placentinus). Commentationes in Ptolomei quadripartitum inque Ciceronis partitionem
et Tusculanas quaestiones ac plinij naturalis historie Librum
secundum. — Venet. In officina Simonis Bivilaqua. An. Dom.
1502. die x. mens. Nov. 2⁰. 44 ff. lat.
Panzer VIII. 348. 82.

194(11) **Terentius** Publius Afer. [Malleolus Paulus Andelacensis].
Comoediae. — Paris. Joh. Philippi. x. Cal. Mai. MID. 8⁰.
190 ff. got.
["Est Beati Rhenani."]

195(12) **Valerius** Maximus. (Valle Robertus de, Rothomagensis).
Epithoma in Valerii maximi collectionem. — s. l. e. a. (Pari-
siis). 4⁰. 68 ff. got.
["Est Beati Rhenani. Parisiis."]

196(15) **Ausonius.** per Hieronymum Avantium Veronen. art. doct.
emendatus. — Venet. per Jo. Tacuinum de Tridino. An.
MCCCCC.VII. Die VII. April. 4⁰. 82 ff. lat.
["Est Beati Rhenani Seletstattini M.D.VII."]

197(16) **Burrus** (Petrus) Brugensis. Hymni et cantica sanctorum fere
per anni circulum. — Paris. Ex aedib. Ascens. ad cal. Mart.
ante pascha. M.D.VI. 4⁰. 124 ff. lat.
Brunet I 601a.

198(17) **Burrus** (Petrus) Brugensis. Cantica de omnibus festis domini. —
Paris. Ex offic. Ascens. III ld. Nouembr. a. MDVI. 4⁰. 96 ff. lat.
Panzer VII 519. 163. Brunet I 501a. ["Sum Beati Rhenani."] ⋅

199(18) **Castellus** s. **Castalius** (Guielmus) Turonensis. Elegiae.
Eglogae. Epigrammata. — Paris. opera Ascensiana. An. salut.
MDVI. Ad octauum Calend. Decembr. 4⁰. 32 ff. lat.
Hierin f. xij ein Dialogus carmine scriptus in laudem Jacobi Fabri
Stapulensis, der von Graf übersehen worden ist.

200(19) — De poetis latinis. — Florentiae impr. per Philippum Juntam.
ann. sal. M.D.V. Cal. Febr. 2⁰. 48 ff. lat.
Brunet I 809a.

201(₂₀) **Crinitus** (Petrus). Commentarii de honesta disciplina. — Florentiae impr. per Phil. de Giunta. ann. sal. M.D.IIII. Cal. Decembr. 2°. 138 ff. lat.

Brunet I 869a. [„Est Beati Rhenani. parisijs. M.D.VII."]

202(₂₁) **Delphus** (Aegidius), socius Sorbonicus, Septem psalmi penitentiales noviter metrice compilati. — Paris. Ant. Denidel. s. a. 4°. 6 ff. got.

203(₂₂) **Delphus** (Aegidius), socius Sorbonicus. Versus. VII. psalmorum poenitentiae. cum letaniis & quibusdam aliis. — Paris. Ex offic. Ascensiana ad XV. Calendas Aprilis. MDVII. Calculo romano. 4°. 16 ff. (Die Bogen C & E fehlen.)

204(₂₃) — Opuscula in laudem diuae virginis Mariae. s. l. e. a. 4 ff. got.

205(₂₄) — Epistola diui Pauli ad Romanos ab Egidio delpho sacrae theologiae professore clarissimo decantata. Questio de iure curatorum & mendicantium. — Paris. Ex offic. Ascens. An. M.D.VII kl. 4°. 28 ff. lat.

206(₂₅) **Dictys** Cretensis. **Dares** Phrygius. Dictys Cretensis De Historia Belli Troiani et Darses (!) Priscus (!) de eadem Troiana. — Venet. per Christof. Mandellum de pensis. Cal. Mart. MCCCCLXXXXIX. 4°. 74 ff. lat.

Hain 6158.

207(₂₆) **Diomedes.** De arte grammatica. — Parisius, Thielman Keruer. an. 1498. die xxvi. Mensis Maii. 4°. lat.

Hain 6221. [„Est Beati Rhenanj. Parrhisijs."]

208(₂₇) **Erasmus** (Desiderius) Roterodamus. Ad illustrissimum principem Philippum; archiducem Austrie, ducem Burgundie etc. de triumphali profectione Hispaniens deque Foelici eiusdem in patriam reditu gratulatorius panegyricus etc. — s. l. e. a. 4°. 42 ff. lat.

Panzer VIII 210. 2719.

209(₂₈) **Erasmi** (Desiderius) Roterodamus. Varia epigrammata. Ad gulielmum copum Basiliensem artis medice principie (sic) Erasmi Roterodami Carmen de fuga vite humane. (Ad Guilelmum copum. Illustrissimo puero Duci Henrico Erasmus Rot. S. P. Britannia ipsa loquitur de Regis sui Henrici VII... laudibus. Herasmi ad Gaguinum nondum visum carmen. In annales Gaguini et Eglogas Faustinas eiusdem carmen. Eiusdem in morbo de fatis suis querela. Arx vulgo dicta Hamensis. Epitaphium Odilie... De casa natalicia pueri Jesu.)

— Parrhis. In aédib. Ascensianis VI. Id. Jan. M.D.VII. 4⁰.
14 ff. lat.

210(₂₉) **Ficinus** (Marsilius) Florentinus. Opuscula. — Venet. per Bernardinum Venętum de Vitalibus. An. M.D.III. 4⁰. 30 ff. lat.
[„Est Beati Rhenani parisija. M.D.VII.“]

211(₃₀) **Fiera** (Baptista), Mantuanus medicus. Coena. — s. l. e. a.
4⁰. 20 ff. lat.
Hain 7083.

212(₃₁) **Florentinus** Turonensis. De destructione constantinopolitana siue de vltione troianorum contra grecos. — Paris. per Anthon. Denidel s. a. 4⁰. 12 ff. got.
Brunet II. 293.

213(₃₂) **Macer Floridus.** De viribus herbarum. — s. l. e. a. 4⁰. 52 ff. got.
Hain 10417. [„Est Beatj Rhenanj Parisija.“]

214(₃₃) **Guarinus** Veronensis. Grammaticales Regulae. — Venet. per Petr. Joh. de quarengiis Pergamensem. die VI. mai. MCCCC.LXXXXVII. 4⁰. 28 ff. lat.
Hain 8121.

215(₃₄) **Isidorus** Episcopus Hispalensis. Etymologiarum libri XX. — Parrhis. opera magistri Georg. Wolff & Thielmanni Kerver. An. 1499. XXV. die Mens. Maij. 2⁰. 106 ff. lat.
Hain 9275. [„Est Beati Rhenani. Helutensis 1508.“]
Nr. 34 ist unzweifelhaft auch in Paris angekauft, doch erst in Schlettstadt eingebunden.

216(₃₅) **Isocrates.** [Beroaldus (Philippus) Bonon.]. Oratio Isocratis pulcherrima in qua praecepta a iuuenibus seruanda continentur. — Bonon. Benedict. Hector. An. MDII non. April.
Panzer IX. 410. 6ᵇ. [„Est Beati Rhenani.“]

217(₃₆) **Laetus** Pomponius. Romanae Historiae compendium. — Venet. per Bernardin. Venetum. Anno dni. M.cccc.lxxxxix. Die XXIII. Aprilis. 4⁰. 60 ff. lat.
Hain 9830.

218(₃₇) **Laetus** (Pomponius). Grammatice rudimenta. — Parrhis. (Ascensius). s. a. 4⁰. 20 ff. lat.

219(₃₈) **Lauduno** (Martinus de) ord. carthus., prior Vallis Sti Petri. Epistola exhortatoria ad quendam nouitium ord. carthus. — Parrhis. Ex aedib. Ascens. ad Id. Mart. An. MDVII. 4⁰. 52 ff. lat. (u. got).
Panzer VI. 524.205.

220(₃₉) **Lilius** (Zacharias). Orbis breviarium sive compendium alphabeticum provinciarum, regionum. insularum ac peninsu-

larum. — s. l. e. a. [Venet. Joh. & Gregor. de Gregoriis]
4º. lat.

Hain 10100.

221(40)**Magninus**. Mediolanensis medicus. Regimen sanitatis. —
Parisius per Gaspardum philippe. 1506. V. Kal. Jul. 4º.
130 ff. got.

222(41)**Baptista** Mantuanus [Ascensius]. De patientia. — Paris. opera
Ascensiana. ad nonas Maias. M.D.V. 4º 76 ff. lat.

223(42)**Mela** (Pomponius). [Hermolaus Barbarus]. Pomponii Melae
Cosmographi de situ orbis. — s. l. e. a. 4º. 38 ff. lat.

Hain 10013. [„Est Beati Rhenani Parisijs. M.D.VII."]

224(43)**Pantheus** (Johannes Antonius) Veronensis. Annotationes ex
trium dierum confabulationibus et alia opuscula. — s. l. e. a.
2º lat.

Hain 12376.

225(44)**Platina** (Bartholomaeus s. Baptista). Libellus de honesta
voluptate ac valetudine. — Bonon. Joh. Ant. Plato. An.
Mcccc.xcix. die x. mens. mai. 4º. 96 ff. lat.

Hain 13056. [„Parisiis. M.D.VII."]

226(45)**Poggius** (Johannes Franciscus) Florentinus. Facetiarum
Liber. — s. l. Impressum Anno. Mcccclxxxviii. die xv. octobris. 4º. 64 ff. lat.

Hain 14194. [„Liber hic non est legendus iuuenibus."]

227(46)**Probus** (Valerius). De interpretandis Romanorum literis opusculum. — Venet. per Jo. de Tridino alias Tacuinum. ann.
1502. die IV. Febr. 4º.

Panzer VIII. 352.113.

228(47)**Rampegolis** (Antonius de) Ord. Fr. Eremit. S. Augustini.
Figurae bibliae. — Paris. per mag. Joh. Seurre alias de
pica. An. 1506. die 24. Aprilis. 8º. 148 ff. 2 col. got.

Panzer VII. 521.178.

229(48)**de Varanis** (Valarandus) Abbatensis s. Abbavillaeus. De
fornouiensi conflictu carmen. De domo dei parisien. carmen.
De pia sacerrime crucis veneratione carmen. De preclara
et insigni theologorum parisien. facultate carmen. — Parisii
impr. pro magistro Jacobo Moerart s. a. (Vorrede Ex urbe
Parisia tertio cal. Augusti. anno 1501) 4º. 28 ff. got.

Brunet IV. 569 (hat L. Geiger, Vierteljahrsschrift I 298 Anm. 2 nicht
vorgelegen).

230(49)**Valle** (Robertus de) Rothomagensis. Compendium memoran-
dorum ex triginta septem voluminibus naturalis historiae

Plinij. — Paris. per Felic. balligault. An. M.V.C. 4⁰.
114 ff. lat.

Hain 15836.

231(ₛₒ) Valle (Robertus de) Rothomagensis. Plinianorum difficilium
in naturalis historie libris expositio. — s. l. e. a. (Paris.
per Felic. balligault. An. M.V.C). 4⁰. 12 ff. lat.

Hain 15837.

232(ₛₗ) Valla (Laurentius). Reconcinnatio totius Dialectice & funda-
mentorum uniuersalis Philosophie¹).

233(ₛₐ) Valla (Laurentius) [Badius (Jodocus) Ascensius]. Elegan-
tiarum linguae latinae libri sex. Eiusdem de reciprocatione
libellus. Eiusdem Adnotationes in Antonium Raudensem.
Eiusdem in Poggium apologus. — Paris. In aedib. Ascens.
MDV. ad non. decembr. 2⁰. 2 col. got.

234(ₛₐ) Algazeles. Logica et Philosophia Algazelis Arabis [v. d.
Hand Rh'.: „Interprete Dominico Archidiacono Secobiensi"].—
Impress. per Petrum Liechtensteijn Coloniens. (ex oris Er-
weruelde oriundus). An. 1506. Idib. Februarijs sub hemis-
pherio veneto. 4⁰. 64 ff. 2 col. got.

235(ₛₐ) [Aristoteles. Averroes Cordubensis.] Victorius (Andreas)
Bononiensis. Repertorium Dictorum Aristotelis, Averrois
aliorumque philosophorum. — Bonon. impr. per Bazalerium
de Bazaleriis. An. Mcccc.lxxxxi. die II Augusti. 4⁰. 64 ff. lat.

236(ₛₐ) Aristoteles Theodoro Gaza interprete. — Venet. Aldus. Mense
Maio M.D.III. 2⁰. 302 ff. lat.

Fehlt Renouard (I 74), der nur die zweite Ausgabe: Mense Martio M.D.IIII
kennt. [„Est Beati Rhenani Sletstattin]. parisijs. M.D. VII."]

237(ₛₐ) Champerius (Symphorianus) Lugdunensis. Liber de quadru-
plici vita. Theologia Asclepij Hermetis Trismegisti discipuli:
Sixti philosophi pythagorici Enchiridion. Isocratis ad Demonicum oratio preceptiva. Silvae medicinales de simplicibus:
cum nonnullis in medice facultatis praxim introductorijs.
Quedam ex Plinii iunioris practica. Tropheum gallorum
quadruplicem eorundem complectens historiam. De ingressu
Ludovici XII Francorum regis in urbem Genuam. De eiusdem
victoria in Genuenses. Regum francorum genealogia. De
claris Lugdunensibus. De Gallorum scriptoribus. De Gallis
summis frontificibus. Epistolae variae ad eundem dnm. Sym-

¹) Genaueres liess sich nicht mehr feststellen.

phorianum. — Impressum Lugduni per Jannot de campis.
An. MCCCC.vij. prid. Kal. Augusti. kl. 2⁰. 142 ff. got.

Nach Brunet I 623 gr. 4⁰. „car on employait à Lyon à cette époque
du papier d'une grande dimension et il en résultait des volumes plus grands
qu'à l'ordinaire". [„Est Beati Rhenanj Sletstattini. An. M. D. VIII. Decimo
kalendas Februarias. manu mea."¹)]*

238(57) **Faber** (Jacobus) Stapulensis. Paradysus Heraclidis. Epistola
Clementis. Recognitiones Petri Apostoli. Complementum
Epistolae Clementis. Epistola Anacleti. — Paris. Ex Officina
Bellouisiana. (Guido Mercator) An. dni. M. D. UII. Idib. Julijs.
4⁰. 124 ff. lat.

Graf S. 223. [„Est Beati Rhenanj Heluetensis 1508*."]

239(58) **Jamblichus** de mysteriis Aegyptiorum. Chaldaeorum. As-
syriorum. **Proclus** in Platonicum Alcibiadem de anima
atque daemone. Proclus de sacrificio et magia. **Porphyrius** de divinis atque daemonibus. **Synesius** Platonicus
de somniis. **Psellus** de daemonibus etc. etc. — Venet. In aedib.
Aldi. Mense Septemb. M.IIID. 2⁰. 186 ff. curs.

Renouard I p. 17. [„Est Beati Rhenani parisiis. M. D. VII."]

240(59) **Porphyrius.** [Ammonius, Parvus Hermias.] Ammonius In
Quinque Voces Porphyrii per Pomponium Gauricum Neapoli-
tanum. — Venet. per Jo. Bapt. Sessa. An. MCCCCCIIII.XV. Cal.
Quintil. 2⁰. 28 ff. lat.

[„Beatus Rhenanus Selestatinus."]

241(60) — Expositio super textu logices Aristotelis. — s. l. e. a.
(ibid.) 2⁰. 130 ff. 2 col. got.

242(61) [**Hispanus** Petrus]. **Tateretus** s. Tartaretus (Petrus). Expositio magistri Petri Tatereti in summulas Petri Hispani. —
s. l. (Parisijs?) Nicol. Wolff. Alemannus 26. Octobr. An.
Mccccc. vi. kl. 2⁰. 98 ff. 2 col. got.

243(62) — Expositio totius philosophiae necnon metaphysicae Aristotelis. — (Paris.?) Impr. per Nicol. Wolff Alem. An. M. V⁰.
sexto. die XXVI. Octobris. kl. 2⁰. 150 ff. 2 col. got.

244(63) **Alanus ab Insulis.** De maximis theologiae. — s. l. e. a.
40 ff. got.

Hain 389. [„Beati Rhenani sum. M. D. VII. Parisijs."]

245(64) **Beda** Venerabilis. **Victor** P. Venerabilis Bedae presbyteri
de temporibus s. de sex aetatibus huius seculi. P. Victoris
de regionibus vrbis Rome Libellus Aureus. — Venet. per Jo.
de Tridino alias Tacuino an. dni. MDV. die xxviii. Mai. 4⁰. lat.

Panzer VIII 375. 304.

¹) *Gekauft 1507.

246(65)**Dainascenus** (Johannes). [Faber (Jacobus) Stapul.] Theologia Damasceni s. de orthodoxa fide. — Paris. Henr. Stephanus. An. 1507. 15. April. 4⁰. 120 ff. lat. Correctore Beato Rhenano.

Panzer VII 525. 210. Renouard p. 4b. Graf S. 229. [„Est Beati Rhenani Parisijs. MDVII. ma. pro." Mit fein gemalten Initialen. Dieselbe Ausgabe noch in einem auf Pergament gedruckten Exemplar vorhanden.]

247(66)**Fulgentius** (Fabius) Planciades. [Picus (Joh. Bapt.) Bononiensis]. Allegoricae fabularum enarrationes. — Mediolani per mag. Uldericum Scinzeler. An. Mcccc.lxxxxviii. IV. Non. Maias. 2⁰. 140 ff. lat.

Hain 7302. [„Est Beati Rhenani. Parisiis M.D.VII."]

248(67)**Gregorius** Nazianzenus. Opuscula. — Venet. ex Aldi Academia. mense Junio. M.D.IIII. 4⁰. 126 ff. lat. graec.

Renouard I 74 Nr. 4 (?). [„Est Beati Rhenani Parisiis M.D.VII."]

249(68)**Guilhelmus** Parisiensis. **Sancto Victore** (Hugo de). Guilhelmus Parisiensis de Claustro Anime. Hugonis de Sancto Victore de Claustro Anime libri quatuor. — Paris. Henr. Stephanus. Anno dni. 1507. decima Septembris. 4⁰. lat.

Panzer VII 525. 211. Renouard p. 5a. [„Est Beati Rhenani Seletstatini M.D.VII. Attuli mecum ex vrbe Parisiorum."]

250(69)**Reuchlin** s. Capnio (Johannes) Phorcensis. De Verbo Mirifico. — s. l. e. a. [Basil. Jo. Amerbach.] 2⁰. 50 ff. lat.

Hain 13880. L. Geiger, Reuchlin S. 178 f. [„Est Beatj Rhenanj Parisija."]

251(70)**Savonarola** (Hieronymus) de Ferraria Ordin. Praedicator. Revelatio de tribulationibus nostrorum temporum de reformatione universe dei ecclesie et de conuersione,Turcarum. — Paris. Guid. Mercator. An. dni. 1496. Die VI. Augusti. 4⁰. 36 ff. got.

Hain 14377. [Parisijs.]

252(71)**Sedulius.** Juvencus etc. poemata. — Venet. Aldus. s. a. 4⁰.

Fehlt Renouard. [„Est Beati Rhenani Sletstatini parisijs M.D.VII."]

253(72)**Sancto Victore** (Hugo de). Opuscula: De institutione novitiorum. De operibus trium dierum etc. etc. — Paris. Henr. Stephanus. An. dni 1506. 12. octobr. 4⁰. 96 ff. lat.

Panzer VII 521. 175. [„Est Beati Rhenani Selestattini." Mit fein gemalten Initialen.]

Anhang.

a) von Michael Hummelberg:

1 (1) **Homerus.** [Tissardus (Franciscus) Ambaceus.] — Homeri Batrachomyomachia. — Paris. Egid. Gourmont An. M.CCCC. vij. xiiij. Cal. Octobres. 4⁰. 12 ff. lat. grec. (Griech. Text mit latein. Interlinearversion von der Hand des Rhenanus.)

> Brunet II 619b („Cet opuscule très rare est regardé comme le second livre grec imprimé à Paris.") [„Est Beati Rhenani. S." (von Hummelbergs Hand.)]

2 (2) **Hesiodus** Ascraeus Poeta. [Tissardus (Francisus) Ambacaeus.] ΈΡΓΑ ΚΑΙ ΉΜΕΡΑΙ.—Paris. Egid. Gourmont. An. M.CCCCC. vij. Quinto Cal. Nouembr. 4⁰. 28 ff. lat. grec. (Griech. Text mit latein. Interlinearversion von der Hand des Rhenanus.)

> Brunet II 558b („édition rare"). [„Beato Rhenano. S. Alsatico" v. d. Hand Hummelbergs.]

3 (3) **Albericus** (Philippus) Mantuanus ord. servorum Beatae Mariae. Carmen de sacratissimo Christi Corpore, Parrhisijs per Judeum penis affecto (s. dé admirando sacramenti eucharistie miraculo). — Parhis. Joh. Gourmont 1507. 4⁰. 16 ff. lat.

> Brunet I. 48 „c'est un opuscule fort rare et qui n'est cité par aucun bibliographe". [M. Beato Rhenano Selestatino τῆς φιλοσοφίας ... (Rest vom Buchbinder weggeschnitten) Hand Hummelbergs.]

4 (4) **Du Bellay** (Guilelmus). Poemata. — (Parisijs) apud Egidium Gourmontum s. a. 4⁰. 56 ff. lat.

> [„Beato Rhenano Sletstattino M. H. Rhauenspurgus muneri mittit".]

5 (5) **Fontenaio** (Guido de) Bituricensis. De obitu mauri Ludouici ipsiusque exequiis a serenissimo francorum rege sua gratia celebratis. s. l. e. a. — [Paris. Robert Gourmont.] 4⁰. 8 ff. lat.

> Brunet II. 307. [„Beato Rhenano Helueto. M. Hummelbergius. R. dono dat."]

> (Diese 5 Werke sind mit anderen zusammengebunden in Band 260. Derselbe trägt die Inschrift: „Est Beati Rhenanj Selestatini. M.D.X." Beigebunden ist die Abschrift eines Gedichtes von Hummelbergs Hand: In Christianissimj francorum regis de Venetis trophaeum. Carmen.14 Distich. mit der Unterschrift: „F. Jo. Oliuerius abbas de Nigello faciebat".)

6

6 (6) Ricoldus ordin. praedicat. Contra sectam Mahumeticam. —
Paris. in officina Henrici Stephani. An. M.DVIIII. quarto Cal.
Dec. 4⁰. 62 ff. lat.

> Renouard p. 6a. Brunet IV. 88a. [„Beato rhenano heluetensi Michael
> Humelbergius Rauenspurg. hunc libellum muneri dedit.“]
> Am Schlusse dieses Werkchens findet sich das im Briefwechsel S. 628
> abgedruckte Gedicht des Mich. Hummelberg an Beatus Rhenanus (Unter-
> schrift: „Vale M.D.X.“). Letzteres ist also nicht „das einzige Epigramm, das
> sich aus dem ersten Buche der Epigramme Mich. Hummelbergs erhalten hat.“

7 (7) Sylviolus (Antonius). De triumphali Christianissimi regis Francorum Ludovici XII. in Venetos victoria. — s. l. e. a. (Paris. ca.
1509) 4⁰. 22 ff. lat.

> Brunet IV. 374b [„οὐ παντὸς ἰς Κόρινϑόν ἰσϑ' ὁ πλοῦς. Non est
> Corinthum navigatio omnium. Beato Rhenano dono misit M. Humelbergius.“]

8 (8) Mariangelus Accursius. Osci et Volsci. Dialogus Ludis Roma-
nis actus. — s. l. e. a. (Romae 1514) 4⁰. 12 ff. lat.

> [„Beato Rhenano Selestensi Michael Humelbergius Rauensp. dono misit
> XV. kls. Sept. M.D.xliij. Ex Romn.“] — Brunet I. 12b hat keine ältere als
> die v. J. 1531 gesehen. [„Le dialogue ci-dessus devait avoir déjà paru avant
> l'année 1531 . . . nous n'en avons pas vu de plus ancienne.“] Vorliegende
> Ausgabe ist wohl als Vorlage des von Steiff Tüb. Buchdr. S. 203 erwähnten
> Anselmschen Druckes zu betrachten.

9 (9) Leo X. papa. Breve sanctissimi dni Leonis divina providentia
pape decimi ad doctores super correctione calendarii pro recta
pasche celebratione. s. l. e. a. —[Romae 1514] 4⁰. 4 ff. lat.

> Der Text endet mit d. Datum: Romae apud sanctum Petrum sub anulo
> piscatoris die. XXIIII. Juli. M.D.XIIII. Es folgt:

Compendium correctionis calendarii pro recta pasche celebratione. — s. l. e. a. [Romae 1514]. 4⁰. 16 ff. got.

> [„Beato Rhenano Selestensi Dono misit Michael Humelbergius Rauenspur-
> gensis Dono misit. XIIII. kal. Sept. M.D.XIIII. Ex Roma.“]

10 (10) Damianus (Janus) Senensis. Ad Leonem X. Pont. Max. de
expeditione in Turcas Elegia. — s. l. e. a. (Romae ca. 1515) 4⁰.
6 ff. lat.

> [„Beato Rhenano M. Humelbergius misit Roma.“]

11 (11) Piso. Epistola ad Joannem Coritium de conflictu Polonorum
& Lituanorum cum Moscovitis. — s. l. e. a. (Romae ca. 1515)
4⁰. 6 ff. lat.

> [„Beato Rhenano M. Humelbergius . . . (weggeschnitten) . . misit.“]

12 (12) Sigismundus Poloniae rex. Epistola ad Sanctiss. D. Leonem
X. Pont. Max. de victoria contra scismaticos Moscovios apud aras
Alexandri Magni parta. — s. l. e. a. [Romae 1515]. 4⁰. 4 ff. got.

> [Von Hummelbergs Hand: „beato Rhenano dono missa ex Rhoma. Im-
> pressum Rome XXV. Januarij M.DXV. a. Leone papa X. ob eam ipsam
> victoriam Deo opt. max. εὐχαριστία habita est in Sixti sacello.“]

13 (13) **Penia** (Henricus). Ad Reuerend. Card. de Saulis de gestis Sophi contra Turcas. — s. l. e. a. [Romae ca. 1515). 4⁰. 6 ff. lat.

[Auf d. Titelbl.: „Beato Rhenano M. Humelbergius misit Roma."]

14 (14) **Trapezuntius** Georgius. Dialectica. Paris. In Offic. Henr. Stephani. XX. Nouemb. An. M.D.VIII. kl. 8⁰. 32 ff. lat.

Graf S. 230: „Diese 1. Ausgabe habe ich nirgends gefunden." [„Mgro Jacobo Fullonio Vallesiensi". (dann v. Fullonius' Hand): „Qui dono dat vlterius magistro beato rhenano Sletstatino."] Die Bibliotheca Rhenana muss ausser diesem ursprünglich dem Fullonius gehörigen Exemplare dieser 1. von Jacobus Faber Stapul. besorgten so seltenen Ausgabe der Dialectica Trapezuntii noch dasjenige besitzen, welches M. Hummelberg a. 2. April 1509 (Briefwechsel S. 20) von Paris aus an Rhenanus sandte, damit er davon einen Nachdruck veranstalte. Am 30. Juli d. J. schon meldete Rhenanus dem Freunde zurück, dass er seinen Wunsch erfüllt habe. Das Schriftchen erschien, von Rhenanus mit einer Vorrede an Jo. Kierher ausgestattet (Arg. 29. Mai 1509), noch in demselben Monat bei M. Schürer in Strassburg. Diesen bisher von mir vermissten (Centr. Bl. f. Bibl. 1886 S. 269 a. 2) auch von Hartfelder übersehenen Schürer-Druck von 1509 habe ich inzwischen in München (Hof- & St.-Bibl.) ausfindig gemacht.

15 (15) **Aeneae** Platonici Christiani de immortalitate animae deque corporum resurrectione dialogus aureus, qui Theophrastus inscribitur Ambrosio Camaldulense interprete. (Venet. 1513?)

cf. Mich. Hummelberg a. Rhenanus. 7. Nov. 1515: . . . Tuae vero liberalitati, ut ex consuetudine mea soleo, gratiam refero hocce de animorum immortalitate libello . . . tu si necdum visus sit apud Germanos nostros, curabis meo hortatu faberrimis characteribus excudendum. — Rhenanus hat diesem Wunsche entsprochen. Im Herbst 1516 erschien das Werkchen mit anderm bei Froben in Basel. Das von Hummelberg übersandte Original habe ich in der Bibliothek des Rhenanus bisher nicht auffinden können.

b) von Johannes Kierher.

16 (1) **Mantuanus** (Baptista). Carmen de Fortuna.

MS. 6 ff. 4⁰ von Kierhers Hand geschrieben, von Rhenanus durchkorrigiert. Vorlage des Schürer-Druckes von 1510. cf. die Vorrede des Rhenanus an Thom. Aucuparius v. 9. Juni 1510: „Ex Lutetia Parisiorum Baptistae Mantuani carmen de fortuna proximis diebus accepi . . . Quod tu legens, suauissime Thoma, non tam mihi gratias habeas quam Kierhero municipi meo, qui id sua manu Parisiis exscripsit et Humelbergii ope adiutus ad archetypum recognovit."

17 (2) **Leo** papa. Epistolae catholicae. Paris. In aedib. Ascensianis ad Col. April. An. M.D.XI.

[„Kierherus Beato Rhenano suo: dono misit."] Auch die Herausgabe dieses Werkes ist (was Graf entgangen) durch Jacobus Faber Stapul. veranlasst, wie aus der Vorrede des Ascensius hervorgeht.

c) von Jodocus Badius Ascensius:

18 (1) **Anglicus** (Michael) Francus dictus. Opuscula varia. — Paris. Ex aedib. Ascens. Pridie natalis dominici M.D.VII. 4°. 48 ff. lat.

[„Jodocus Badius Beato Rhenano dono dedit".]

19 (2) **Avitus** (Alcimus) Viennens. Episc. Opuscula. — Paris. Ex aedib. Ascens. ad III. Id. Mai. M.D.X. 8°. lat.

[„Beato Rhenano heluetensi Jodocus Badius dono misit."]

d) von Jacobus Faber Stapulensis.

20 (1) **Hegesippus.** Aegesippi Historia de bello Judaico. — Paris. In Aedib. Ascens. ad. Cal. Junias 1510. 2°.

(„Vigili Stapul. et Hamelburgii studio nostraque quantula est opella", schreibt Ascensius a. d. Leser. Am Ende des 5. Buches ein Brief des Ascensius an Beatus Rhenanus.) — Genaue Beschreibung dieser Ausg. bei Frid. Gotthilf Freytag Adparat. litter. I.7. s. 99 (er nennt sie „editionem rarissimam"), wo auch des Ascensius Brief a. Rhen. abgedruckt ist. (vgl. auch Briefwechs. S. 39).

21 (2) [**Jacobus Faber** Stapulensis.] Quincuplex Psalterium Gallicum. Romanum. Hebraicum. Vetus. Conciliatum. — Paris. Henr. Stephanus. 1509 pridie Cal. Augusti. 2°. 292 ff. 3 col.

Renouard p. 5b. Graf S. 230. [Das Exemplar trägt keine Widmung; vgl. indessen den Brief des Rhenanus an Joh. Druinus vor Matth. Bossi Opusc. v. 10. Oct. 1509 (nicht 1508, wie i. Briefw. S. 576):... si demum post quincuplex psalterium, quod Faber Stapulensis vir ex omni aevo incomparabilis, anno superiori ad archetypam veritatem castigavit, mihique ut homo liberalissimus, proxime ex celeberrima Parisiorum Diatriba muneri transmisit.]

22 (3) **Cusa** Nicolaus de. [Faber]. Opera. — Paris. Ex Offic. Ascens. An. M.D.XIIII. Octava assumpt. Mariae. 2°. vol. I: 234 ff. vol. II: 188 ff. vol. III: 118 ff. lat.

Graf hat das Werk nicht gesehen. vgl. S. 233. [„Sum Beati Rhenani Seleziensis, Nec muto dominum. Basilee M.D.XV. Dono mihi misit Jacobus Faber Stapulensis ex Lutetia Parisiorum."]

Von Geschenkgebern aus späterer Zeit seien nur erwähnt: Bilibald Pirckheimer. [Er übersandte ihm 1513 seine Uebersetzung Plutarchi De his qui tarde a numine corripiuntur Nuremb. Frid. Peypus. prid. cal. Jul. 1513; im folgenden Jahre von Matth. Schürer in Strassburg, vermutlich auf Veranlassung seines Freundes Rhenanus, nachgedruckt], Wilh. Nesen 1513, Bonifacius Amerbach 1515 („suo praeceptori B. Rh."), Joh. Oecolampadius

1519 [sandte Hutteniana: „Beato Rhenano ut communicet Frobe-
nianis"], Joh. Froben 1520 und Eobanus Hessus 1519 („Beato
Rhenano Literarum principi"), auch 1520 und 1521, Damianus a
Goës, Janus Cornarius, Adamus Carolus u. s. w. Dass Albert
Burer von Basel aus ihn reichlich, namentlich mit reformatorischer
Litteratur versorgte, ergiebt sich aus dem Briefwechsel. Den reichsten
Zuwachs erhielt aber seine Bibliothek durch Vermächtnis seines
Lehrers Cono († 1513), u. a. auch den gesamten handschriftlichen
Nachlass (z. B. Kollegienhefte aus Padua von Marcus Musurus) des
gelehrten Nürnberger Dominikaners. Dieser Nachlass verdiente
eine besondere Beachtung. — Von Schlettstadter Freunden be-
gegnen uns als Geschenkgeber: Jacob Spiegel, Beatus Arnoaldus, Matthias Schürer, Paulus Phrygio, Johannes Sapidus,
Jakob Wimpfeling, endlich der aus Schlettstadt gebürtige Strassburger Buchdrucker Crato Mylius (Craft Müller).

II.

Merkwürdigkeiten zur Geschichte des französischen Humanismus.

Publius Faustus Andrelinus. Hieronymus Balbus.
Guilelmus Tardivus.

Was um die Wende des 15. und 16. Jahrhunderts von humanistischer Litteratur die Pariser Pressen verliess, wird heutzutage
durchgängig nicht nur in Deutschland, sondern auch in Frankreich
selbst zu den bibliographischen Merkwürdigkeiten gerechnet. Ein
Blick auf die vorausgeschickte Bibliographie zeigt, wie überaus
reich ausgestattet die Büchersammlung des Rhenanus in dieser
Hinsicht ist. Nicht nur dass ein höchst reichhaltiges Material zur
Geschichte des französischen Humanismus hier aufgespeichert liegt:
die Bibliotheca Rhenana enthält gradezu einzelne „Merkwürdigkeiten", die kaum in irgend einer Bibliothek des Kontinents noch
anzutreffen sein dürften. Es sei gestattet, dies kurz noch für drei
französische Humanisten aus dem letzten Jahrzehnt des 15. Jahrhunderts nachzuweisen, auf welche jüngst durch die Arbeiten
eines bekannten Forschers die Aufmerksamkeit der Fachleute wieder
gelenkt worden ist[1]). Es handelt sich um die drei in der Über-
schrift genannten französischen Humanisten, auf welche L. Geiger
in seinen interessanten Studien zur Geschichte des französischen
Humanismus hinweist. Deutsche, schweizerische und italienische
Bibliotheken haben ihm das schwer zu erlangende Quellenma-
terial geliefert; ein später erschienener „Nachtrag" fügt hinzu,
was ihm inzwischen noch die Nationalbibliothek zu Paris an

---

[1]) Studien zur Geschichte des französischen Humanismus von Ludw. Geiger (in
seiner Vierteljahrsschrift f. Gesch. u. Litt. d. Renaiss. I. (1885) S. 2 ff. [„Publio Fausto
Andrelini aus Forli." Hierin auch über Balbi und Tardif.] — „Nachtrag". (ibid. I.
533 ff.).

die Hand gegeben. Es soll im Folgenden in aller Kürze gezeigt werden, dass die Bibliotheca Rhenana nicht nur das vermisste (Geiger S. 15. a. 4) Werkchen des Faustus, sondern auch noch weiteres, bisher ganz unbekannt gebliebenes Material zu den drei genannten Humanisten enthält, wodurch nicht nur unsere Kenntnisse in wichtigen Punkten erweitert, sondern auch manche Resultate der Abhandlung Geigers modificiert werden.

I.

Balbus — Tardivus [1]).

I. Wenn wir Bulaeus trauen dürfen, so reicht der Streit[2]) zwischen Balbus und Tardivus bis ins Jahr 1485 zurück. Derselbe verzeichnet in seinen Annalen zu diesem Jahre (t. V. f⁰ 881) folgendes: „1485. 14. Martij in Comitijs Mathurinensibus totius Universitatis . . . quidam Poëta nomine Hieronymus Balbus supplicavit Universitati, ut viros aliquot doctos nominaret, qui Grammaticam Tardivi examinarent: in qua dicebat quamplurimos errores contineri, quos se declaraturum pollicebatur. Cuius supplicationi annuit Uniuersitas: ut scilicet coram viris doctis Balbus exponeret errores,· quos se in Grammatica[3]) Tardiui reperisse dicebat, ea lege vt si Tardivus eos defendere ac vindicare non posset, eius Grammatica supprimeretur.“

---

¹) Ueber Balbus (geb. in Venedig, † 1535 als Erzbischof von Gurk) handeln noch: Retzer in der Einleitung zu seiner Ausgabe der Opp. Balbi. 2 tom. Vienn. 1791 & 1792. (Eine vernichtende Kritik dieser Ausgabe von Santenius [Laurentius van Santen] im Allgem. litterar. Anzeiger. Jahrg. 1797. S. 1353 ff. 1361—65 und Jahrg. 1801. S. 1785 ff.), Mazzuchelli Scrr. Ital. (1758) II 1. 83—8, Tiraboschi Stor. lett. Ital. (1809) VI. III 1095—7. Aschbach Gesch. d. Wien. Univers. II. S. 146 ff. — Ueber Tardivus (Guillaume Tardif geb. in Puy ca. 1440, Prof. i. Collegium Navarrens.) cf. Biogr. Univers. XLI. 11.

²) Die hier gegebene Darstellung des Streites ist auf die von Bulaeus gegebenen Nachrichten aus den Akten, und das, was die Gegner selbst in ihren Schriften erwähnen (vgl. namentlich die Vorrede des Tardivus zu seiner zwolten Ausgabe der „Antibalbica“), gegründet.

³) Es handelt sich also wirklich um Tardivi opusculum de basi grammaticae cum commento s. l. e. a. (nach Geiger ein Exemplar in Basel), nicht um das rhetorische Lehrbuch des Tardivus. Nur letzteres ist in der Bibl. Rhen. (Nr. 301) vertreten: [f⁰· 2] Guillermi Tardivi A- | niciensis Rhetorice | Artis ac Oratorie Fa- | cultatis Compendium | Prefatio. ‖ — s. l. e. a. 4⁰. 98 ff. lat. (wird v. Tardivus öfters [z. B. Retzer p. 365] als „eloquentiae benedicendique scientiae compendium“ citiert.

Es ist Balbus nicht gelungen, diesen Nachweis zu führen. Er musste öffentlich Kirchenbusse thun und feierlichst beschwören, den Tardivus nie mehr beleidigen zu wollen.

Inzwischen war Balbus (zugleich mit Publius Faustus Andrelinus und Cornelius Vitellius) am 5. September 1489 „ad lectiones publicas in arte humanitatis" zugelassen worden [1]).

II. Er suchte jetzt seinem Feinde auf andere Weise beizukommen. Eine Sammlung „Epigramme", die er Anfang der neunziger Jahre ausgehen liess, enthielt eine Reihe von Anspielungen („Ad Lentum", „Ad Matonem" [ματάω], ja gradezu „ad Tardivum"), die Tardivus aufs tiefste verletzen mussten. Sehen wir uns diese „Epigramme" zunächst hinsichtlich ihrer Ausgaben an. Es sind 3 Sammlungen der Epigrammata Balbi auf uns gekommen. 2 sind davon bisher bekannt geworden: die dritte, älteste und seltenste, befindet sich auf der Bibliotheca Rhenana [N⁰ 186]:

1) f⁰ 1ᵃ : Hieronymus balbus Carolo guillart senatori cruditissimo.
„Non te latet, vir praestantissime etc. etc."
s. l. e. a. [Paris cᵃ 1491] 4⁰ 8 ff. got.

Diese erste Sammlung enthält 28 Gedichte, wovon 21 bei Retzer fehlen [2]).

2) Die beiden andern Ausgaben sind bei Retzer verwertet. Es sind folgende: [3])

---

[1]) Bulacus t. V. f⁰. 882. — Geiger sind beide Notizen nur aus Retzer bekannt. Vgl. S. 5. a. 1. und S. 21. a. 1.

[2]) Diese sind: Nr. 1 Ad eundem (Carolum Guillart). Nr. 2 Ad Lentulum. Nr. 4 Ad eundem (Marianum). Nr. 5 De toga puelle. Nr. 6 Ad Carolum Bourre. Nr. 8 Elegia de amore. Nr. 9 Ad Cinamum. Nr. 10 Ad Candidum. [Dass hierunter Robertus Gaguinus zu verstehen sei, ergiebt sich aus einer Bemerkung des Johannes Phernandus in einem Briefe an Bostius. Vgl. Epp. Caroli Phernandi s. a. Paris Ascensius. 4⁰. 24 ff.: Johannes Phernandus schickt dem Bostius eine jüngst gehaltene Rede. Unter den Zuhörern befand sich auch Gaguinus. „Hunc Balbus noster primus ut arbitror mutato nomine Candidnm appellavit, quod videlicet ut veste sic quoque moribus ipse candidus esse' videatur".] Nr. 11 Ad Carolum Bourre. Nr. 13 Ad Ludovicum. Nr. 14 Ad Linum = Andrelinum Nr. 15 Ad Ludovicum Quirinum. Nr. 18 De suo amore. Nr. 20 Ad Carolum Phernandum. Nr. 21 Ad episcopum Viennensem Angelum Catonem. Nr. 22 Ad Egidium Delphum. Nr. 23 Ad Gaguinum. Nr. 24 Ad Petrum Conrthardi. Nr. 25 Ad Carolum & Johannem Phernandos. Nr. 26 Ad Guldonem de rupe forti. Nr. 27 Ad Oratorem Pannoniae. — Letzteres bedeutsam für die Frage seiner späteren Uebersiedelung nach Wien.

[3]) Diese Beschreibung ist nach den Exemplaren der Münchner Hof- und Staatsbibliothek gegeben.

a) **Hieronymi Balbi | Poete Epigrammata. || A. E. Fini-**
niunt epigrammata Hieroni | mi Balbi Poete. ||
s. l. e. a. 4⁰ 28 ff. a—d (a. b. je 8, c. d. je 6 Bll.). got.
[Retzer I 149—191].

b) f⁰ 1 a. **D. Hieronymi Balbi utriusque iuris doctoris**
nec- | non poete atque oratoris insignis opusculum
epigra | maton feliciter incipit. | A. E. Hoc insigne
opus multiplici rerum | varietate refectum exaratum
fuit in- | dustria Johannis Winterburg in ce- | leberrima
vrbe Wiennen. Anno do | mini 1494 Kalendis augusti.
Romanorum atque Maximiliano vn- | garie rege sere-
nissimo feliciter regnante. ||
4⁰. 22 ff. a—c (a. b. je 8, c=6 Bll) got.
[Retzer I 191—225].

III. Auf diese neue Invektive antwortete Tardivus mit seiner
ersten „Antibalbica" [1]). Diese Schrift ist verloren. Sie ist aber vollständig in die vermehrte 2. Auflage übergegangen. [In der 2. Aufl.
heisst es: „a primariis huiusce universitatis compulsus quam suo
reddam loco ‚Antibalbicam' e didi".] — Balbus bittet jetzt den Bischof
von Vienne, zu vermitteln. Er erklärt, dass, was er bisher veröffentlicht habe, nicht gegen Tardivus gerichtet gewesen sei; er
versichert zugleich eidlich in Anwesenheit eines Notars, dass er auch
in Zukunft nie etwas Feindseliges gegen Tardivus schreiben werde.

IV. Zum 2. Male bricht Balbus seinen Schwur. Denn nun
erscheint sein „Rhetor gloriosus", oder wie der Titel der (bisher
nicht bekannt gewordenen) Ausgabe der Bibliotheca Rhenana
lautet [N⁰ 301]:

Hieronymi balbi prefatio in dialogum ad virum illustrem |
et summa preditum doctrina guidonem de rupe forti. ||
s. l. e. a. [Paris. cᵃ 1493] 4⁰ 56 ff. a—g (je 8 Bll.) lat.

Retzer kennt diese Ausgabe nicht; doch stimmt die von ihm abgedruckte
(Paris 1494) dem Inhalte nach genau mit vorliegender überein [2]).

---

1) Dass auch diese erste Verteidigungsschrift des Tardivus den Titel „Antibalbica" geführt, ergiebt sich aus dem poetischen Argumentum vor dem „Dialogus"
des Balbus (vgl. Retzer: „Coactus tandem vel pudore congredi, Profert quae dudum
scripserat „Antibalbica").

2) Sein Abdruck wimmelt übrigens von Fehlern. Hierfür nur ein Beispiel. Das
Original hat gleich beim Beginn des Textes die Randnote: Gnido vir insignis
commentatur. Hieraus macht Retzer: Quid vir insignis commendatur. Das Original
hat ihm nicht vorgelegen. Über Titel und Herkunft orientiert nur die lakonische
Bemerkung in der Anmerkung: Rhetoris gloriosi Liber per modum Dialogi ex-
aratus Parisiis 1495. ex bibl. Leidens. amica opera Cl. Viri Davidis Rhantini de-

V. Wiederum muss er Abbitte thun; aber zum 3. Male wird er meineidig. Jetzt greift Tardivus nochmals zur Feder: es erscheint seine zweite „Antibalbica". (vgl. Retzer p. 435: „Tertio meam ‚Antibalbicam' defendens ideoque illam ad verbum ponens tuas͡illi factas tuo Dialogo responsiones expugnabo"). Das Exemplar der Rhenanus-Bibliothek hat folgenden mit Retzers Angabe nicht übereinstimmenden Titel[1]):

Antibalbica seu antaccellina. || Guillermi Tardivi Aniciensis in | Balbum imo accelinum defensio. || (Text.) s. l. e. a. 4°. 32 ff. a—d (je 8 Bll.) got.

Ueber den Ausgang des Streites ist nichts bekannt geworden.

II.

Balbus—Faustus.

Aergerlicher noch waren die Streitigkeiten, welche Balbus mit seinem Landsmanne und Kollegen, dem gleichfalls seit 1489 in Paris docierenden italienischen Poeten Publius Faustus Andrelinus[2]) (Publio Fausto Andrelini aus Forli), dem späteren Lehrer des Beatus Rhenanus, auszufechten hatte.

scriptus. — Ich muss mir es versagen, näher auf diese Schrift des Balbus einzugehen. Es liesse sich aus derselben und aus der gleich zu erwähnenden zweiten „Antibalbica" des Tardivus wohl die erste (verlorene) Schrift des Tardivus rekonstruieren.

[1]) Auch zeigt dasselbe eine kürzere Fassung des Textes. So fehlt z. B. Retzer p. 429 (Petri Botilerii Honnefluctuensis ad scholasticum suum Petrum Carbonarium epistolium); p. 431 (Balbus hat noch andere Gelehrte geschmäht, so den Perottus. Sulpitius [Retzer schreibt: Supplicius] Valla); p. 431 (stilistische Änderungen und Umstellungen) u. s. w.

[2]) Ueber Faustus vgl. den oben erwähnten Aufsatz Geigers und die dort angeführte Litteratur. Hiernach ist Faustus um 1450 geboren; 1480 war bereits in der Akademie seines Lehrers Pomponius Laetus in Rom die Rede davon, ihm den Dichterlorbeer zu geben; bald darauf erhielt er diese Auszeichnung. † 1518. — In den von Geiger nicht benutzten Memorie intorno ai poeti laureati da Vincenzo Lancetti Milano 1839. p. 198 ff. finden sich ff. Daten: geb. 1461, Dichterkrönung 1483 oder Anfang 1484, † im Februar 1518. [Beatus Rhenanus meldet seinem Freunde Bruno Amerbach den Tod des Faustus in einem Briefe vom 18. März 1518: „Poëta suauissimus suauissime requiescat."]. — Was Geiger S. 3 über Faustus' Mutter und seine Brüder mitteilt, ist m. E. unrichtig. Der Dichter beklagt in der angezogenen Elegie (Eleg. I. 4) keineswegs den Tod der Mutter, sondern lässt (als Unbeteiligter) eine verunglückte Mutter ihren betrübten Kindern Karl und Johannes Trost zusprechen. Es wird nirgends angedeutet, dass dies des Dichters Mutter sei. Dagegen wird 1. eine Schwester des Dichters erwähnt (Eleg. II 10), 2. ein Bruder Andreas (in dem unten zu besprechenden Epithalamium.) — Andere Irrtümer Geigers finden unten ihre Berichtigung.

Die Bibliotheca Rhenana — und vielleicht nur diese — giebt uns die Mittel an die Hand, diesem bisher noch nicht richtig dargestellten Streit[1]) der beiden Rivalen nach Ursachen und Verlauf genauer zu verfolgen. Die Hauptmängel der bisherigen Darstellungen sind, dass man: a) bisher nur die in Betracht kommenden Schriften des Faustus kannte[2]), b) dass die Berichte des Faustus bisher nicht kritisch untersucht worden sind. Man hat nicht beachtet, dass der Bericht an Coardus mindestens 2 Jahre später anzusetzen ist als die Dedikationsepistel des Faustus an Gaguinus, womit dieser seine berüchtigte Schrift De fuga Balbi einleitet[3]); man hat vor allem übersehen, dass zwischen beiden Berichten eine „Invectiva" in Faustum eines ungenannten Anhängers des Balbus liegt. Das letztere ist um so auffallender, als die Vorrede (zu den Bucolica) des Faustus an Coardus sich ausdrücklich als eine Kritik jenes Pamphletes charakterisiert.

Diese bisher nirgends beschriebene, ja nirgends erwähnte „Invectiva" nun hat sich in der Bibliotheca Rhenana vorgefunden. Sie ist eine bibliographische Merkwürdigkeit ersten Ranges und schon aus diesem Grunde dürfte eine genauere Inhaltsangabe am Platze sein, auch wenn sie nicht über die eben besprochenen Verhältnisse und die Persönlichkeiten der Gegner ein ganz neues Licht verbreitete.

Geiger hat gewiss recht, wenn er den Beginn der Streitigkeiten in das Jahr 1491 verlegt und als Grund derselben „Rivalität" bezeichnet. Ungenau und teilweise unrichtig ist aber, was er über die äussere Veranlassung des Streites mitteilt (S. 22, 25, 26.). Eine Beteiligung des Faustus an dem Streite Tardivus-Balbus ist nicht zu erweisen, so wahrscheinlich auch eine solche zu sein scheint[4]). Vor allem darf nicht als Veranlassung gelten, was Faustus in dem Briefe an Petrus Coardus über gewisse Verleumdungen schreibt, die Balbus und Vitellius gemeinsam gegen ihn ausgestreut, als hätte

---

1) Auch hierüber hat Retzer in der Vorrede zu seiner Ausg. der opp. Balbi gehandelt. Genauer ist Geigers Darstellung S. 21 ff.

2) Buccolica Fausti (nebst de fuga Balbi) 1496. (vgl. u.) und zwar die Briefe des Faustus an Robertus Gaguinus und Petrus Coardus.

3) Wenn man diese Unterscheidung festhält, so wird sich auch ergeben (vgl. u.), dass die Vereinigung beider zuerst separat erschienener Schriften in einer Ausgabe (1496) nicht so „unpassend" ist, wie sie Geiger (S. 26) vorgekommen.

4) Nur eine Anspielung finde ich und zwar in Tardivi Antibalbica, die für die Zeitbestimmung (1493) wichtig ist: Quis Faustum Andrelinum et maledicentia et vi persecutus est? Es ist übrigens zu beachten, wie aus der „Invectiva" hervorgeht, dass Faustus etwa seit 1493 von Paris abwesend war.

er beabsichtigt, die Bukoliken des Calphurnius unter seinem Namen zu veröffentlichen; diese Beschuldigung ist nicht von Balbus ausgesprochen, sie findet sich vielmehr zum ersten Male in jener „Invectiva" und wird von Balbus in dem erwähnten Briefe an Coardus nur angezogen, um widerlegt zu werden. Was den eigentlichen Anlass zum Streite gegeben, wird uns dagegen in jenem, der 1. Ausgabe von De fuga Balbi vorgesetzten Briefe des Faustus mitgeteilt, wobei nur nicht zu vergessen ist, dass die Schuld auf beiden Seiten zu suchen sein wird.

Gehen wir hiervon aus, so ergiebt sich, unter Berücksichtigung der übrigen Quellen, über Ursachen und Verlauf des Streites folgendes:

1. Ursache und erster Abschluss.

    a) Balbus hat den Faustus stets mit übler Nachrede verfolgt: sein Bestreben war, ihn in Paris unmöglich zu machen und wegzubringen[1]). Er hat sogar in Italien das Gerücht ausgestreut, Faustus sei unnatürlicher Vergehen wegen verbannt worden[2]).

    b) Balbus hat die Erstlinge des Faustus, die von der römischen Academie preisgekrönten Elegien auf Livia, obscön und schmutzig genannt[3]).

---

[1]) Faustus ad Gaguinum: „Quantis et publicis & priuatis contumelijs iam diu a maledico illo Balbo indique oneratus fuerim, equidem nullus lippus, nullus tonsor, nullus denique cerdo est, qui satis superque compertum non habeat".

[2]) Ibid.: „Hic enim me a christiana fide deuianten & hoc in urbe toto spectante populo exustum fuisse simulanit".

[3]) ibid.: „Interim publicae profitendae pœticae ac oratoriae artis munus suscepi & iuueniles amores meos a romana censura approbatos atque publica laurea honestatos emisi, qui tantam invidiam tantum odium, tantam bilem illi concitarunt ut..."
Hierüber vgl. auch Eleg. II. 7:
    Ipse ego prima tuli sudatae premia palmae
    Et numeris cessit livida palma meis
    Hinc ego secura tranquillus pace fruebar
    Oderat & rixas musa quieta graves.
    Non bene conveniunt miti fera bella poetae
    Nec bene discordi stridet auena solo.
    Nescio quis cogit vocalem corvus olorem
    Sumere non solita taela cruenta manu
    Sic etiam petulans indoctum marsia phoebum
    Sic ruit in sacras garrula pica deas.

    . . . .
    Sex tantum effutit rauca dum carmina voce
    Claudicat en pedibus syllaba bina suis.
                etc. etc.

94

Diese (gewiss auf Gegenseitigkeit beruhenden) Verleumdungen müssen wohl vorzugsweise mündlicher Art gewesen sein. In den Epigrammata Balbi finde ich nur folgende Anspielungen:

a) 1. Ausg.: Ad (Andre) linum [1]).

b) 2. Ausg. α) Ad caeruleum (Andre) linum [2]).

β) In malum poetam [3]).

Es scheint in der That dem Balbus geglückt zu sein, den Andrelinus aus dem Felde zu schlagen. Andrelinus verlässt Paris und geht auf einige Zeit nach Toulouse und Poitiers.

2. Nochmaliger Ausbruch des Streites. (1495). Nach Rückkehr des Faustus nochmaliger Kampf. Ueber diese Verhältnisse ist Einzelnes aus der „Invectiva" zu entnehmen. Gegenseitige Beschuldigungen. Faustus siegt, Balbus verlässt die Stadt, geht nach England, von dort nach Böhmen.

Faustus schickt dem besiegten Feinde eine überaus heftige Schmähschrift nach: „De fuga Balbi".

Ein ungenannter Verehrer des Balbus erteilt hierauf die Antwort: „Invectiva in Faustum", worauf Faustus sich veranlasst sieht, eine neue Ausgabe von „De fuga Balbi" zu veranstalten. In der „Invectiva" war die Beschuldigung ausgesprochen, Faustus habe die Bukoliken des Calphurnius unter seinem Namen herausgeben wollen. Faustus fügt daher seiner 2. Ausgabe von „De fuga Balbi" „seine" Bucolica bei [4]). „Satis superque fecisse duxero, schreibt er an

---

[1]) Da die erste Ausg. sonst unbekannt ist, so sei auch dieses Gedicht des Balbus hergesetzt:

F⁰ a₄: Ad linum.

Hactenus exigua tecum lusisse camena:
Et lubuit faciles inseruisse iocos
Ausus es innocuos violento pollice lusus
Scindere et aonias contemerare deas.
Prohpudor O nulli toleranda iniuria seclo.
Tu ne audes sacros dilacerare modos?
Non impune feres nanque angulus omnia habebit
Et de te meritos compita queque sonos.
Seua geram tecum sed aperto prelia marte.
Si vir es: arma geras mutua signa canunt.

[2]) Retzer Nr. 107 (vgl. auch Nr. 76).

[3]) Retzer Nr. 102 (giebt seiner Entrüstung über die merdosa carmina eines ungenannten Versemachers Ausdruck.

[4]) Dass diese beide Schriften vereinigende 2. Ausgabe durch die „Invectiva" veranlasst wurde, sagt er selbst in der Vorrede an Petrus Coardus: Sed cum nullus potissimum litteratus aut fuerit aut sit, qui huiusce vitae curricula potuerit absque morsu latrantium hominum pertransire: non modo non admiror sed penitus contemno

Coardus, si tu qui iudicium habes ex amussim factum: meum meum meum inquam buccolicum carmen Roberto brisoneto iamdiu vt scis dedicatum approbaveris".

Ob sich noch andere Gelehrte in den Streit gemischt haben, wissen wir nicht. Nur Carolus Phernandus, der auch im Kampfe mit Tardivus dem Balbus zur Seite gestanden, hat aus seiner Abneigung gegen Faustus kein Hehl gemacht; dieser hatte aber den höchst einflussreichen Mathuriner - General Robertus Gaguinus, der an der Universität Rhetorik lehrte und zugleich auch kirchenrechtliche Vorlesungen hielt, auf seiner Seite. — Balbus hatte sich anfangs sehr um die Freundschaft des Gaguinus bemüht[1]). Gaguinus aber wandte, aufgebracht über den plumpen Versuch des Balbus, ihn zu seinem Bundesgenossen im Kampfe gegen Tardivus zu stempeln[2]), seine Gunst von ihm ab und trat bald zu Faustus in die herzlichsten Beziehungen[3]). Dass Gaguinus in dem Streite sich mit vollem Bewusstsein auf die Seite des Faustus gestellt, geht aus dem Gedicht (fol. E.): In poesis detractorem Gaguinus | Fausto poete regio. S. hervor[4]).

„Emula detractrix et vere digna bubulco
Lingua quid insanis, et docti plectra poete
Murmure perpetuo, ceu cornix garrula turbas?
Cur rudis, et semper stridenti barbara nare
Obstrepis: et studium, cuius mysteria paucis
Nosse datur damnas: que nec tu cernere lippa
Nec didicisse potes tam puri luminis exsors.

emissam in me inuectivam, spurcam sane et ab omni prorsus veritate alienam. vt autem liberius apertiusque mentiretur auctor nescio quis ne nomen quidem suum inserere est ausus. Es folgt nun eine Kritik der Invectiva.

[1]) In seinen Epigrammata sind verschiedene Schmeichelgedichte „ad Gaguinum", „ad Candidum" (vgl. o.). Gaguin macht selbst hierauf eine Anspielung: itaque postquam ille parisios adiuit, blanditijs primum et simulata mansuetudine in plurimorum amicitiam surrepens poematis opinione se notum extulit ... Auch um die Freundschaft des Petrus Coardus (Courthardus) und Guil. de Rupiforti hatte er lange und nicht ganz erfolglos geworben.

[2]) „Ad gaguinum": Sepe mihi dicis lepidis mi Balbe camaenis Scribo Matonei funeris exquias etc. etc. Später hat Balbus, wie wir von Tardivus hören, auch gegen Gaguin „famosissimos versus" veröffentlicht.

[3]) Ein Gedicht des Faustus an Gaguin in de secunda victoria Neapolitana; weiter die Elegie: „Cum Faustus carmen a Roberto Gaguino ad se missum lectitasset".

[4]) Vgl. für das folgende: Roberti Gaguini Epp. & orationes .. Paris, Andr. Boccard (impensa Durandi Gerbri bibliopole parisiaci) 1498. 4⁰ g. (Teil II).

Dic tu quid B a l b u s primum sectaris: an artem,
Artis an artifices: temere reprehenderis illud
Cetera quo capiunt venerabile dogmata lumen.
Unde hominum possis mulcere et vincere cetus.
. . . .

Er widmete seinem Freunde Faustus sogar ein längeres Gedicht:
De variis vite humane incommodis Roberti Gaguini elegia (46 Distich.),
das einen Teil der von dem Buchhändler Dionysius Gerler veranstalteten Sammlung der Schriften des Gaguinus bildet (vgl. o.).
Wie hoch Gaguinus die wissenschaftlichen und poetischen Leistungen
seines Freundes schätzte, geht aus den seinem Tractatus de puritate
conceptionis angehängten „Epigrammen" hervor, von denen sieben
an Faustus gerichtet sind. Demgegenüber ist es recht interessant
zu sehen, wie er um jene Zeit den E r a s m u s noch als einen
„werdenden", recht korrekturbedürftigen Anfänger behandelt[1]). Es
war übrigens Faustus, der die Bekanntschaft zwischen Erasmus
und Gaguin vermittelt hat[2]).

Ich lasse nun eine Beschreibung der den Streit markierenden
Hauptschriften folgen:

I. **Liula**[3]**) fausti poete laureati.** || Marke des Jehan Petit. || —
s. l. e. a. [Parisiis.] 4°. 52 ff. A—J (je 6, J = 4 Bll.) got.
Hain 1085 (?). Brunet Nr. 1). —
[Andere Ausgg.: Paris. Gulot Marchant (Guido Mercator) 1490. Hain 1086.
Brunet.]
Paris. Guido Mercator. 1496. [Hain 1087.]
Paris. Robert Gourmont [Brunet. — Geiger S. 32. a. l.]
s. l. e. a. [Paris. Felix Balligault.] [Brunet.]
Venet. 1501. [Geiger.]

---

[1]) Gaguinus H e r a s m o (F° Xlviijb.): Bellum H e r a s m e non tam difficile quam
odiosum adversus despicabile hominum genus, qui studiis humanitatis detrahere non
desinunt, suscepisti ... unum H e r a s m e ab amico non moleste feras: p r o t e n d i s
l o n g i u s c u l e prohemium et B a t t u m primas partes agentem (quod absque inter-
locutore longiusculus sit) quippiam forte reprehendet. S a c i a t enim diu conti-
n u a t a l o c u t i o ...

[2]) Gaguinus H e r a s m o (F° liiij): Si quid de F a u s t i celesti vaticinatione (ut
adme felici auspicio concedas) accepisti, propera & veni. Illum quod v e t e r e m
amicum habeo, te vero quod n o v u m demereri cupio, periucunde accipiam.
Eine Anspielung auf den Streit findet sich in einem Briefe des Gaguinus an
Arnoldus Bostius: Die Buchdruckerkunst scheint nur da zu sein, um Schmähschriften
in Umlauf zu setzen: pro se enim quisque contendit alterius vituperatione sublimius
tolli .. et q u o d a scorto a u d i r e erubesceres, id p r o f e s s o r e s q u i d a m
a r t i s non respuant imo isti ipsi qui ab eloquentia laudem aucupantur
suos produnt epigrammatis libidines.

[3]) Geiger S. 32. nennt Livia „gewiss eine Italienerin". Faustus selbst bezeichnet
seine Geliebte als „Livia b o n o n i e n s i s" in dem Briefe an Thomas Custodia (Elegie).

ll. Epigrammata Balbi (vgl. o.).

III. Fausti De fuga Balbi (vgl. S. 102).

Einzelausgabe: Paris. Felix Balligault 1494. [Hain 1095. — Brunet 101.]
Paris. Rob. Gourmont s. a. [Brunet 101 b.]
Weiter in der Sammlung: Faustus Andrelinus Foroliuiensis de influentia
siderum, de Neapolitana victoria et de fuga Balbi ab urbe Parisia.
Parisiis apud Guidonem Mercatorem et (?) Joannem Parvum. 1496.
4⁰. [Retzer, Opp. Balbi I. f⁰ XLIII.]

IV. Invectiva in Faustum Balbi calumniatorem[1]).

s. l. e. a. 8 Bll. (sign. aii—aiii; 4 got. (Paris ca 1497). Rücks. d. Titelbl.
leer.

Bl. 2a. Text: I. M. [arianus?] aduersus faustum calumniatorem impudentissimum pro praeceptore suo hieronymo balbo defensio ad scolasticos parisienses.

Decreveram, viri doctissimi, ab his concertationibus quae inter plerosque
nostri temporis homines falsam sibi scientiae induentes persuasionem leuissima
occasione solent exoriri aetatem procul agere: quod dum se ostentare potioribus quam praeferri conantur: vniuersae multitudinis cachinnos in se cient
non modicos. Verum quorundam usque adeo excors processit insania vt a
saluberrimo consilio pauliaper nos coegerint aberrare: qui dum optimo cuique
atque doctissimo contra aequum bonumque verbotenus detrahere non contenti turpissima quaeque confingunt mendacia eaque (quod est nefandissimum)
mandare litteris non dubitant. arbitrantes impurissimi homines: quod bonis
artibus (quibuscum ipsis non est commercium) non poterant, malis sibi nomen
euenturum .... Quos tametsi sua satis arguit stoliditas et imperitia: vaniloquam iactantiam et in doctissimos quosque impudentem blatterationem retundere pii esse duci (!) officii.

Et ne quis temere in turbulentissimam disceptationem me credat descendisse:
proponenda ratio videtur esse mei instituti. propterea quod quae iustissima
mihi causa est ad defendendum eadem vobis debet videri. Nam me cum amicitiae vetustas tum dignitas hominis tum ratio humanitatis ad
hominis defensionem est adhortata.... quam ob rem praestantissimi integerrimique viri hieronymi balbi praeceptoris amantissimi (quem tanquam
parentem pio prosequor amore) probatissimos mores omniumque vestrum iudicium, qui semper balbum tanti fecistis, falsa infrendentis inuidiae nota inuri
non siui. . . . .
Omne autem propositum operis a nobis destinati eo spectabit: ut fausti
impudentissimi calumniatoris vanitates refellamus... Omnia moderate modeste quantum potero efferam: nec si quandoque insurrexerim vehementius non mihi sed tum arrogantiae, praevaricationi: dementiae tum illius inconstantiae ingratitudinique velim ascribatis: quam haud digne possum admirari cum eum in Balbum de se optime meritum tot tam notae vanitatis
video congessisse convitia ... equidem haec nunquam scripsissem, si isti laruato hac in urbe ubi contemnitur irridetur exsibillatur ab omnibus verbis
satis esset calumniari: sed cum eo usque dementiae progressum viderem
inverecundissimum hominem ut has suas cauillationes tam insignes

---

[1]) Auch hier mussten die Abbreviaturen aufgelöst werden.

chalcographis dedisset exarandas veritus ne ad alios hae forte perue-
nientes quibus minus fausti mores innotescunt aliquid imminuerent de balbi
integritate: hoc onus licet laboriosum pro praeceptore subire non recusaui:
quod commune scolastici parienses mihi vobiscum esse debet . . . .
Hiis duobus annis larvatus ille calumniatur improbus (cui contraria interpretatione nomen obuenit) inter offendendum gloriolas suas quibus miseros
auditores solet singulis onerare lectionibus, absentem balbum lacessere
maledictis non satis arbitratus, falsam quin etiam (vt dicimus) subducens rationem, obscenam contumeliosam arrogantiae calumniaque plenam acglo-
gam quomodocunque composuit, cui „de fuga balbi" indidit epigramma.
Hoc vanum imprimis mendaxque esse facile monstrabimus. . . .
. . . . . Ego te fauste appello qui tua laurea tam incedis inflatus vt tua te
cute contineri mirum esse videatur . . . .
. . . Atque in initio Balbi discessum quem tu maledica consuetudine „fugam"
nuncupasti paucis aperiam . . . . Hieronymus Balbus in hoc praeclaris-
simo totius orbis terrarum gymnasio feliciter per septennium
ferme poeticen rhetoricen, astrologiam, philosophiamque pro-
fessus rem atque famam sibi comparuit fructumque effecit non mo-
dicum (quod et hoc gymnasium pro sua humanitate libentissime fatetur) tum
docendo tum prestigiosa grammatistarum interpretamenta elimi-
nando. . . . Eius praeterea ita se mores habebant vt minime multos
laederet, omnium bonorum obsequeretur studiis, omnibus mitis, omnibus erat
affabilis, hiis rebus in nobilissimorum virorum magna virtute magnaque
paedictorum doctrina (quos suo deinceps honestavit carmine) amicitiam
ultro ascitus . . . Scholasticorum insuper benevolentia maxima complexus
ac breui veluti communis animorum parens carissimus habitus.
Quare invidia alterius, semper bono acrior, Balbum crebro multisque
agressa machinamentis deiicere a loco suo tentavit, quam ille repel-
lens animose firmus locum sua virtute paratum obtinuit. — Cuius rei ipse
locupletissimus es testis quem abhinc annos quattuor se lacessere conantem
ita primo prostravit congressu: ut fuga praecipiti ab illius te subtrahe-
ris occursu peragratisque pictorum tholosanorumque finibus quoniam
vbique contemptui ludibrioque fuisses parisios iterum, hoc illius tibi sugge-
rente benignitate, esuriens advolaveris. — Balbus septennali functus interpretatione ratusque iuuentuti habunde satisfactum ad litterarum otium
regredi in patriamque disponit repedare, quod percipientes maeuoli liuidique
homines, summo confecti dolore, inimicum tanta cum gloria abire, inuidiae
aculeis noctes diesque stimulabantur, ut aliquam veluti labeculam integerrimo
viro aspergerent, quo eius omnia praeclarissima anteacta sedarentur. Pluribus
in hac deliberatione frustra consumptis diebus, inventi tandem perditi profliga-
tique homines (quorum nomen professionis veneratione quae tamen in me
adhuc latebit) cum balbo quamquam indigni aliqua tamen quod essent con-
terranei, familiaritate devincti intus rei familiaris maxima oppressi penuria
foris alieno aere obstricti, ob idque ad quodlibet facinus quantumvis scele-
ratum mercede proposita expeditissimi: hii praeclari facinoris quod nunc
audietis seso pollicentur auctores, fiduciam ex mutua familiaritate Balbique
facilitate captantes: illum improuisum impurissimi homines verbis
prope istis adoriuntur apud latrunculatorem (quem dicunt locum te-

nentem criminale) de nefandissimis flagitiis, quae ex suo fingebant
commodo in eum quam quaestionem exerceri mentiuntur: itaque illi si sibi
optime consultum esse velit fugam suadent adornare: ille vtpote quem huiuscemodi sceleris nulla obligaret conscientia rem tam turpem haud quaquam
admissurum sese affirmat ut scil. abeat priusquam extremum vale viris de
se optime meritis dixerit; illi instant conglutinatam inimicorum factionem cui
sit resistere perdifficile quam tametsi perfregerit non futuram absque sui in-
famia victoriam ad hoc quaestionis exercitationem mores patrios infamare
eum quoque iam pridem discedere omnino decreuisse. Haec et huiuscemodi
alia in hanc sententiam dixere: quibus vir humanissimus atque piissimus com-
motus maluit Ciceronis exemplo inimicorum cedere furori quam teterrimae
vt sibi fuerat persuasum multis infamiae tantarumque turbationum causam
existere.... Hiis paucis Balbi discessum quem isti „fugam" vocitarunt
perstrinxi, stultum fortasse: at certe non improbum. Hinc illae vanitates a
malevolis hoc biennio in vulgus dispersae. hinc nostro poetae qui ardentis (!)
faces furiis aliorum subministrat delitandi et calumninandi materiam: qui quo
animi sui celaret invidiam Balbum cominiscitur de se in Italia (sane suis moribus aptissima) quaedam protulisse, quae faustinum candorem denigraverint:
.... Quis enim (tecum est mihi sermo Fauste) tui ingenii stupiditatem tardi-
tatemque non agnouit in hac tua ratione qua omnem a te livorem procul
esse existimasti, quis invidiam, quis corruptos mores?

Balbus hinc descendens abiit in Britanniam, inde in Theuto-
niam traiecit, in germaniam postremo boemiamque delatus, ubi
ad hoc usque tempus permansit maximis ubique propter eius suauissimos
et optimos mores praestantissimumque ingenium muneribus certatim atque
honoribus ornatus quamobrem (ut sentio) tam invidus repente insurgis quod
illi urbem (!) egresso secus ac tibi successerit quem Scholastici picta-
vienses et laureatum poetam et iuris pontificii doctorem iustiniani
pandectarum agressum interpretationem tam cupidis benevolisque animis
excepere, ut tertia lectione saxis caesum non sine maximo risu exploderent.

Balbus te publico vniversitatis parisiensis decreto ab interpretatione submotum gymnasiarchas abiendo (adeundo?) apud singulos
modo, modo in concione quoque de te magnifica luculenter dicendo: in
pristinam docendi facultatem restituit. Idem te a pictauensibus tho-
losanisque finibus famelicum omnique ope destitutum redeuntem in publicis
laudavit lectionibus, scholasticos aridam ieiunamque tuam respuentes
interpretationem sectari adhortatus . . . .

Balbum ait (Faustus) urere parabant ni propere fugam arripuisset . . . .
primum hoc mihi respondeas volo: quis accusavit? imo cogitavit praeter
te tuosque? quis quaesitor, cui tantorum facinorum commissa disquisitio? . . .

Ab epistola ad aeglogam me conferam, in qua illud se imprimis
offert expugnandum, quod et in epistola inculcarat, Balbus, ait, aut Cleo-
phili aut Strocii carmina pro suis edidit, aut si quae ex officina sua ema-
narunt ea sunt, aut falsis sillabis aut inepta grammatica aut dissona connexa
sententia. Quis tuam impudentissime calumniator non videt tergiversationem.
Tu quo nos fallas licentius viros nominas quorum vix audiverimus nomina, opera certe nunquam viderimus, quae si quandoque ad nostras manus
peruenerint, non hic ac alibi te videri veraciorem confido, quod mihi sit veri-

simillimum ex eo Balbi epigrammate, quod est in fronte libelli ab eo postremo editi positum, ubi de Tito Strocio ita ait: „hic quaeritur Titus lento consumptus amore Tristia dilecte etc. etc. huius certe nunquam mentionem fecisset, si quae praedicas vera forent, quin illius nomen peroptasset perpetius obrui tenebris".

Percipio, ni fallor, cur tu ex omni inimicorum turba hoc primus excogitaveris, illius ingenium ex tuo spectasti, qui Augustini Dathi eloquentiae, praecepta, veluti tuo laboro hinc et illinc conquisita dictabus scholasticis ratus ni fallor nos illius libellum desiderare, quoad iuuenis quidam his tibi aurem valuerit: „frustra F auste ea nobis dictas praecepta, quae ipsi habemus exarata quaeque a praeceptoribus nostris iam pridem didicimus." Mox Calphurnii eglogas quas certe tum paucissimi viderant sicuti tuam elucubrationem privatim plurimis exhibuisti, eas (qua es impudentia) tuo nomine editurus, ni Cornelius Vitellius huic tuo temerario ausui obstitisset. Et quoniam tuorum furtorum nos subiit recordatio: recensebimus nonnulla, quibus nuper in Virgiliana interpretatione nimium tibi placuisti. Nam cum ad ea carmina devenisses quae sunt ab Angelo Politiano in miscellaneis, nec non Beroaldo in suis observationibus perquam diligenter enarrata, tum tu homo ad inanem doctrinae iactantiam quam nullam habes comparatam illorum sententiam ac verba recitas: nec tamen indicas unde ea acceperis, ut inventorum gloriam et doctrinae laudem doctissimis hominibus praeripias. — Nec huic tantae impudentiae tua cedit arrogantia et temeritas quae se antiquissimus (—mis?) praeferre non veretur auctoribus: argumento sit interim quod nuper Dionem Prusensem, quem ob auream eloquentiam Chrysostomum appellarunt, falsae tuae assertioni adversantem coarguere ausus es: a tam temerario ne dicam furioso incepto te debuit revocare (ut cetera obmittam) eloquentissimi viri Francisci Philelphi auctoritas, tui (ut dicere soles) praeceptoris, a quo Dionem vides probari tantopere.

Illud, illud est, Fauste, mihi crede, quod tuis oculis tantas erroris offudit tenebras: Nimium tui es admirator, nimis omnium prae te contemptor. Nemo est qui tuam impudentiam non accuset, iactantiam non derideat, furta non oderit. Quis ignorantiam mentisque stuporem quam sequenti carmine patefecit merito non irrideat? Balbus, ait, in Balborum nobilem prosapiam se ascripsit, oriundus ex obscura Accelinorum familia. Errorem ab aliis sequitur suscitatum vir dementissimus tanto invidiae imbutus veneno ut illam Ovidianam Medeam secutus meliora videat deteriora sequatur, equidem deierare auderem quod sum dicturus melius Faustum me pernouisse. Balbus genus paternum sicuti ipse narrare solebat et a viris fide dignis accepimus ex Accelinorum familia deducit, ex Balborum maternum, quae familiae veteresne an novae sint non satis compertum habeo nec ad rem facit . . . potuit igitur Balbus hoc sibi nomen assumere. quin ostendamus, quod et iure potuit et debuit. Balbus a materno auo post immaturum patris obitum adoptatur: huic Balbus cognomen fuit: quod noster Balbus sibi assumpsit, neque id egit ut delirus iste vociferat, quod eum suae puderet originis cum id cognomen non ab extraneis mutuaverit sed veluti hereditarium suo sibi iure vendicarit. . . . .

Balbus, inquit, alea vinoque integras noctes consumebat . . Balbum ludentem quisquam aut ebrium ex eo scholasticorum numero qui tum virum colebant vidit vnquam? quis eius modestiam temperantiamque non laudavit? Admirati saepe fuimus tenuissimum victum parcissimamque relaxationem tantis posse sufficere laboribus. Si aleo aut temulentus fuisset, quo pacto inter professores tantam sibi celebritatem vendicasset, ut primae auctoritatis primique in urbe nominis apud omnes haberetur? quo pacto omnium fere disciplinarum scientiam adeptus non modicam? quo denique modo tantam in docendis discipulis curam impendisset, quorum doctrina atque eloquentia illustratur vniversa Gallia? . . . .

. . . . Si omnia Balbus profudisset. vnde illi quam habebat plurimam munda suppellex, vnde pro dignitate vestitus vnde victus vnde refertissima libris bibliotheca, in qua viri luxuria aleaque quas hic nugator exprobrat versabantur. . . . . . nec (tu Fauste) illum es imitatus qui cumprimum ad has regiones appulisti rubello amictu conspicuus nitido atque peruncto comitatus(!) cathamyto vix iam attrita conducticiaque lacerna squalida membra operis fana atque prophana solus territusque perrans . . . . „Fodiebat (Faustus) ephebos vulnere postico". et paullo post „fellantique ore subibat" addit subinde „scilicet in sacro nullum libamine christum". O rem nefandam. O impudentiam impudicam . . in qua tandem te orbe vivere arbitraris an tarenti vel milleti . . . Credis nos latere quid appetas cum astantium tibi iuuenum manus contrectes et colla demulceas . . . .
Agedum scholastici parisienses hunc nebulonem vestri praeceptoris amantissimi cauillatorem improbissimum expellite exterminate eiicite . . . Nimium diu viri insolentiam temeritatemque tolerastis. . . . . . . vobiscum eius (Balbi) erga vos grata officia recolite: v t vos modo ad rhetorices capessenda rudimenta iucunda inuitabat oratione: modo ad mansuetiores musas deducendo fessum reficiebat dulci reque ingenium. Quid nonne mathematicarum disciplinarum cognitionem pene iam obsoletarum reserauit scientiaeque syderalis rationem explicans eruditissime defectus solis varios luneque labores edocuit: cuius dictata excipientes nonnulli ad hunc graculum deferentes continuo spherae aggressum interpretationem balbi glosis confisum quas cum durum caput nonnunquam male acciperet: inquos bone deus errores dilapsus quantoque ab omnibus cognita hominis vanitate et ignorantia risu exceptus. At hic Thrasone dementior cum irridetur maxime tum se credit plurimum laudari. Sed vt ad rem redeam. Quis Balbo melius preceptis institutisque philosophiae iuuenum animos erudivit: quis subtilius iuris nodos et legum dissoluit aenigmata . . .

. . . .
Ad lectores carmen hexasticum.
Si quibus inuisi displicent nomina Fausti
Et tumor: et technae: verbaque supposita
Liuor: pestifero concretaque lingua veneno :
Haec reseret grato pagina nostra ioco.
Nec sumptus obstent solo en mercare triente
Hunc compensabit holus inunctus semel.
Finis.

V. BVCCOLICA FAVSTI. Laurea serta gerens: musisque ex-
cultus amaenis | Gymnasium faustus parisiense polit. || Holz-
schnitt: Lehrer mit 5 Schülern. || *A. E.* Joannes Antonius
Venetus libelli | impressor Lectori. S. || Habes studiose lector
Fausti poetæ regij | buccolica: quæ adeo exculto venustoque
carmine | composita sunt: ut neque Virgilii neque calphurnij
| æglogis mea quidem sententia cedant. Sum breui & alia
eius opera latinis castigatisque characte | ribus impressurus:
ne tam diuini poetæ monumen | tis careas. & Joannem
Antonium Venetum pul = | cherrima hæc pœmata impressoria
arte sua diuul | gantem etiam atque etiam ames. Vale. |
Ex gymnasio parisiensi quinto nonas martias. || Anno a natali
Xpiano Milesimo quingentesimo | primo. Parisijs. || 4⁰. 48 ff.
a—h (je 6 Bll.) lat.

f⁰a₁b: Faustus petro coardo franciae praesidi (o. d.).

f⁰a₂b: [Buccolica] Publii Fausti ... ad Robertum
brisonetum eminentissimum Franciae cancellarium ...
Buccolicum carmen. [Text].

f⁰g₂b: P. Fausti ... ad Petrum Coardum Elegia.

f⁰g₃a: [De fuga Balbi]. P. Fausti ... ad Robertum gaguinum ... Epistola (o. d.).

f⁰g₅b: P. Fausti ... ad Robertum Gaguinum De fuga
Balbi ex vrbe parisia. [Text.]

f⁰h₃b: Gaguinus Fausto laureato poetae s. [Ex aedibus
nostris Parisiacis. XII. septembr. Mccu. l. xxxxvj.]

f⁰h₄b: Faustus de beata virgine christum crucifixum in gremio
suo deflente.

Brunet p. 101 b. — Elne Einzelausgabe der Buccolica: Brunet p. 101. —
Dieselben Stücke in: 1) Parisius. In Bellonien Anno dni | Mccccc. VI. Die XV.
Decembris. Pro Joanne | Petit Commorante In vico Sancti Jacobi | Ad intersignium
Leonis Argentei. || 4⁰. 32 ff. (b. d. à 4, a, c, e à 8 Bll.) lat. Letzte Seite: Signet des
Guido Mercator. (Ergersheim. St. Bibl.) — 2) Lugdun. Impensis Guillelmi de Gel-
ques. 1530. Octo. (a. d. Titelblatt 1531). 8⁰. 50 ff. A—F. [nebst Kommentar „praestantissimi bonas litteras professoris D. Zozentij Josae".] (Münch. Hof- und Staatsbibl.)

III.

Publius Faustus Andrelinus.

Die Bibliotheca Rhenana zählt im ganzen 14 Schriften des Faustus in Par is er Drucken[1]), hierunter die von Rhenanus zu seinen Schürer-Ausgaben benutzten Vorlagen von a) De virtutibus cum moralibus tum intellectualibus und der gleichzeitig damit herausgegebenen Elegiae (Arg. Schürer. 1509); b) der Epistola elegiaca, qua Franciae regina Lodovicum regem . . . revocat. (Arg. Schürer 1510, zugleich mit De fortuna Francisci Marchionis Mantuae etc. etc.) Dagegen sind, wie es scheint, die Vorlagen zu den c) Epistolae proverbiales (Arg. Schürer 1508) und d) Aegloga moralissima c. hekatodistichon (Arg. Schürer 1512) nicht mehr vorhanden.

Von diesen 15 Schriften sind 2 (1) Livia und 2) Buccolica — De fuga Balbi) bereits oben beschrieben; die übrigen werden hier in Ergänzung des im Teil II gegebenen Kataloges aufgezählt, darunter 2 (De influentia siderum und Epithalamium), weil bisher von den deutschen Bibliographen nicht verzeichnet[2]), genauer. Aus dem letztern sind einige wichtige Daten zu dem Leben des Faustus zu gewinnen[3]).

---

1) Von Par is er Ausgg. der Werke des Faustus fehlen demnach, abgesehen von den im Text genannten: 1. Epp. proverbiales. 2. Eglog. moralissima c. hecatodistichon [von letzterm der Urdruck. Paris. Ascensius 1512 in Kolmar] nachfolgende: 3. De sciolorum arogantia (Paris) 1517 (in Freiburg und München). 4. Praefationes duae altera de defuncta altera de vivente Anna (in München) und 5. de Neapolitana victoria. s. l. e. a. (nach Geiger hiervon ein Exemplar in Mailand).

2) Das erstere findet sich auch in der Sammlung von Retzer (I f⁰. XLIII. vgl. oben), was Geiger ganz übersehen hat. Derselbe giebt im „Nachtrag" (I 534) den Titel des Werkes nebst Probe nach einer Handschrift der Pariser National-bibliothek. Von der Existenz des Epithalamium auf der Schlettstadter Bibliothek war Geiger durch den verstorbenen Bibliothekar Wendling Kunde zugekommen; doch war er nicht in der Lage, das Schriftchen zu benutzen.

3) Zu Geigers „Nachtrag" (S. 533), die Bezeichnung des Faustus als „canonicus Baiocensis" betreffend (als solcher ist übrigens Faustus schon auf dem Titel der Deploratio de morte Petri Coardi genannt), sei folgende interessante Anekdote erwähnt, die Rhenanus uns aufbewahrt hat (Bibl. Rhen. Nr. 270):

Fuit Anno Saluatoris 1.5.0.5 : poeta quidam Suphenus. Quj cum esset Blesis : In Magna Regis Francie curia : Tetrastichon a se compositum In regis laudem accommendationem : foribus : curie regie affixit : quod cum illic forte fortuna obambulans legisset Faustus : Carminum inconcinnitatem Censoria (ut aiunt) nota ex tempore aliud longe quadrantius adidit tetrasthycon. Quod cum regie Maiestati narratum fuisset accirj iussit Faustum : superque illa re quaesitum : cum alterius Carmina

104

3.[1]) (Vgl. o. S.) De moralibus et intellectualibus virtutibus. || Marke des Michiel Tholoze. || — *A. E.* Druckerzeichen des Denis Roce. || s. l. e. a. [Paris vor 1506.] 4⁰. 16 ff. a—b. lat.

Bisher nicht beschrieben. Geiger kennt nur den von Beatus Rhenanus nach dieser Ausg. veranstalteten Nachdruck (Schürer 1509).

4. Elegie Fausti. || Marke des Jehan Petit. || Venditur in Leone Argenteo ¦ Vici Sancti Jacobi. || — *A. E.* Pro Johanne Petit. || 4⁰. 50 ff. a—h (a=8, alle übrigen 6 Bl.) lat. Titel got.

Geiger 8. 33 a. 1. Auch in Bd. Nr. 286 der Bibl. des Martin Ergersheim (Schlettstadt. Stadtbibl.) Hain 1088: Paris 1494. 4⁰. g.

5. De Neapolita | na victoria. || — s. l. e. a. [4⁰. 6 ff. Paris ca. 1495].

Geiger I 7 a. 3. Brunet 102a, auch Paris 8 ff. got.

6. Faustus de neapolitana | Fornouiensique victoria. || Marke des Jehan Petit. || — *A. E.* Libri duo de gestis gloriosissimi caroli francorum regis octaui a clarissimo poeta fausto Andrelino foroliuiensi compositi. et summa cum diligentia a Guidone mercatore ac Johanne paruo in bellouisu impressi: Parisiis. Anno a natali christiano. Mcccc . lxxxxvj . pridie kal. Septembris. 4⁰. 32 ff. a—e (a—d je 6, e=8 Bl.) lat.

Hain 1002. Brunet 102b. — Auch in München. — Geiger I 8. a. 2.

7. Faustus de captiuitate Lodouici sphorcie. || Marke des Jehan Petit. || — *A. E.* Anno a natiuitate domini nostri Jesu christi | Mccccc. V. die xxvj. Maii in almo Parisiensi Gymnasio Impressum. || Pro Johanne Petit. || — s. n. typ. [Guido Mercator.] 4⁰. 10 ff. a—b (a=6, b=4 Bl.) lat.

Brunet 102b. Geiger. — s. l. e. a. (Brunet 102b.) Mit de gestis legati bei Hain 1004.

Supheniana ac absona & liquidissimo Argumento comprobasset : a rege Ludowico xij canonicatu Baiocensi donatus est.

poeta Anominus (!).

Parta michi est superis gallorum sacra corona
partaque Cesareis lodouico lilia sceptris
Quem natum Blesis comitem atque ducem aureliorum
Quem demum hic regem summus decorauit olympus
In Honore ludovicj duodecimi huius nominis.

Faustus poeta regius.

Hic ubi natus erat dextro Ludowicus olympo
Sumpsit honorata regia sceptra manu
Felix que tanti fulsit lux nuntia regis
Gallia non alio principe digna fuit.

Auf das erhoffte Kanonikat hatte Faustus schon in De secunda victoria Neapolitana (1512) angespielt. Schon Ludwigs XII. Vorgänger, Karl VIII, hatte es ihm versprochen („Est etiam merces longos firmata per annos Jam Carlo concessa pio. qnin templa dabuntur Regali promissa fide.")

1) Auch hier musste von der Anwendung der ältern typographischen Zeichen und der gotischen Rundschrift abgesehen werden.

8. Faustus de secunda | Victoria Neapolitana. || Signet des Guido Mercator. || — *A. E.* Impressum Parisiis per magistrum Guidonem | Mercatorem In Bellouisu. Anno a natiuitate | redemptoris Millesimo quingentesimo secundo | Sexto Augusti. Pro Johanne Petit. || *L. S.* Signet des Joh. Petit. || 4⁰. 14 ff. (a=8, b=6) lat.

Geiger I 12. a. l. — Panzer VII 504. 32. — Brunet 102ᵃ.

9. Publii Fausti Andrelini Foroliuiensis Regii | poetae laureati | De obitu Caroli octaui deploratio | Eiusdem de eo ad Guidonem Rupifortem | Epistola. | Eiusdem de eodem varia epitaphia. | Eiusdem carmen de parrhisiae vrbis congratulatione | in Petri coardi primi franciae praesidis electione. | Eiusdem carmen ad Laurentium Burellum Car- | melitam: theologum & confessorem regium. || Marke des Jehan Petit. || —*A. E.* Parrhisijs impressum. anno a natali christiano 1504. Lodouico duodecimo regnante: Die 4. mensis octo | bris. Pro Johanne Petit || Marke des Guido Mercator. || 4⁰. 12 ff. a—b. lat.

Brunet 102ᵇ: Paris per Nicol. de Pratis 1505. — Brunet 102ᵇ: Paris. Rob. Gourmont. a. n.

10. Publij Fausti andrelini foroliuiensis excellentissi | mi poete laureati: ad serenissimum Carolum francorum regem Panegyricum carmen Incipit. || Marke des Michiel Tholoze. || s. l. e. a. 4⁰. 6 ff. lat.

Steht schon in den Elegien f⁰ e₆ᵇ — f₄ᵇ nebst Argument.

Unbekannt. — Geiger I 6 a. 1 beschreibt eine Ausg., die mit vorstehender genau übereinstimmt bis auf das Buchdruckerzeichen. Dasselbe lautet dort: Denis Roce. Letztere Ausg. auch von Brunet und Hain 1093 erwähnt.

11. P. Faustus Andrelinus. | De Gestis Legati. — s. l. e. a. 4⁰. 8 ff. lat.

12. Publii Fausti Andrelini foroliuiensis poetae laureati ac | regii epistola in qua Anna gloriosissima francorum regina | exhortatur maritum potentissimum atque inuictissimum fran | corum regem Ludouicum duodecimum: vt expectatum in | galliam aduentum maturet: Postea quam de prostratis a se Ve | netis triumphauit. — *A. E.* Ex aedibus Ascensianis. 4⁰. 4 ff. lat. —

13. P. Fausti de regia in Genuenses victoria. | libri tres: in quibus de polytico sta— | tu: De regis clementia: & in vr | bem Genuensem ingressu: | multa scitu dignissima | comperies. | Prae | misso excultis | simo Germa | ni de Ga | nay Epi | gram matte || [Holzschnitt: Prelum Ascensianum]. ||

A. E. Ex aedibus Ascensianis ad | Nonas Julias M . D . IX. ||
4⁰. 16 fl. a—b (à 8 Bl.) lat.

Panzer VII. 541. 359. — Geiger führt in seinem „Nachtrag" (I 537) ein „un-
vollständiges" Exemplar der Bibl. nationale an.

*14. **Fanfus de influentia | Syderum. Et querela parthisicusis paximenti.** ||
Signet des Felix Balligault, darunter sein Spruch: Felix
quem faciunt aliena pericula cautum | Felici monumenta die
felicia felix | Pressit et hec vitii dant retinent | ve nichlil (sic)||
—*A. E.* Ingratus ne sis iuuenis quin pectore toto | Felici grates
qui tibi pressit agas. s. l. [Paris. Felix Balligault]. 4⁰. 6 ff. got.

Gelegentlich in seinen Elegien als „Sphaericus dialogus" erwähnt. (Ueber
die influentia siderum vgl. Eleg. II. 7.) — Bisher unbekannt geblieben.
(Vgl. indessen S. 103 a. 2.).

*15. **Epithalamium Fausti de clauibis | Regia et francisci valefiorum ducc.** ||
Holzschnitt: die 3 Weisen aus dem Morgenlande. || Venales repe-
riuntur in | vico clausi brunelli in domo | Radulphi laliseau. || —
s. l. e. a. [Paris] 4⁰. 6 ff. got.
Bl. 2 a. 1. P. Fausti Andrelini foroliuiensis Poete regij | ad deum
deprecatoria : vt Claudiam christianissimi : ac inuictissi-
| mi Ludouici francorum regis duo | decimi : filiam :
et franciscum valesiorum ducem bonis felicibusque
auspicijs coniungat. (4 Dist.)
2. P. Fausti Andrelini foroliuiensis poete regij | ad
Ludouicum francorum regem duodecimum : de Claudia
filia : & francisco valesiorum duce epitholomium. [37 Dist.]
Bl. 4 a. [med.] 3. Fausti ad ludouicum francorum regem duodecimum supplicatio. vt andream fratrem suum per
litteras commendet Julio secundo pontifici maximo :

> O mea quam grandi resonabit musa cothurno
> Vnico si vati est gratia .facta tuo.
> Scilicet et fuluo piscanti casse parenti
> Commendes fratris corpus anile mei
> Gratia parua quidem tanto : sed summa fauore
> Res fit auctore summa : uel ima suo.

Bl. 4 b. Fausti supplicatio ad venerandissimum domi | num
legatum de eodem fratre suo.
Bl. 4 a. 5. Si qua vnquam ex alto maonauit gratia corde :

> Sola precor muse fiat ut ista mee
> Fac tua commendent fraternam scripta senectam
> Cui data clauigeri est cymba regenda petri

Sic bona succendant fortune fata secunde
Sessor et in summo conspiciare Throno.

Bl. 4 b. (med.) 6. Ad iulium secundum pontificem maximum |
Fausti pro fratre suo supplicantis carmen |

Maxime qui summa pastoriam sede gubernas
Mistica christigenum quem lauat vnda gregem
Vt nostrum exhibeas pascentia gramina fratre
Ante tuos orant regia scripta pedes.
Orat et ambosio dictatum a presule verbum
Presule cardineum nobilitante chorum
Si quis adhuc fausto locus est post tanta precanti
Numina: curuato supplicat ecce genu.
Ipse etiam prono minimum deus ore precantem
Audit et abiectas non sinit ire preces.

Bl. 5 a. Faustus poeta regius Ad reuerendissimum | ac beneme-
ritum francie: auinionisque legatum do | minum Geor-
gium ambosium doctorum virorum | emporium. | (7
Dist.) [Rühmt ihn als seinen Mäcen.]

Bl. 5 b. Fausti carmen ad reuerendissimum Cardinalem narbo-
nensem romam a regia maiestate missum. 5 Dist. (Glück-
wunsch auf die Reise.)

Distichon ex tempore compositum coram illustri | fran-
cie concellario. G. Rupeforti: ac ceteris supre | me
curie consiliarijs.

Vatibus a sacris alienum exposcere nummum
Est ipsum certe diuigulare deum.

Bl. 6 a. Fausti carmen ad eximium francie cancellarium Gui- |
donem rupefortem et alios supremi senatus consiliarios
quod nihil ex litteris naturalitatis persoluerit. (5 Dist.)

Regia testandis concessa est gratia rebus:
Gratia magne tua guido notata manu.
Dependet cera signum regale virenti
Serica quod vario fila colore tenent.
Cetera consensit supremi turba senatus:
Nullaque porrecta soluimus era manu.

. . . .

Ad generosum virum Ioannem ruseum questorem
regium Fausto stipendium regium vlla absque mora
persoluentem:

Regia tu vultu persoluens era sereno:
Distendis cythare languida fila mee.
Ipsa facit resonas numerata pecunia chordas
Fundit et arguto pectine dulce melos.
Questores, magnis faciles estote poetis
Soluenda est prompta docta thalia manu.
Bl. 6 b. Faustus patrem introducens admonentem filium | ne
antea uel naturalem uel moralem philosophium | aggre-
diatur quam solida grammatices fundamenta iecerit. |
(3 Dist.) — (Icarus fiel ins Meer, seinen schwachen
Flügeln allzusehr vertrauend; das Haus stürzt zusam-
men, wenn das Fundament nichts taugt.).

Auch bei Brunet. Derselbe erwähnt noch, dass Maittaire (II 153) eine Ausg.
Paris, Jo. Anton. Venetus, impensis Rodulphi Laliseau. 1501. 4⁰ citiere; er
zweifelt jedoch an der Existenz dieser Ausg., da die Hochzeit erst 1506 stattgefunden habe. — Panzer VII 502. 19: Paris. Joh. Ant. Venetus 1501. 4⁰.

Das Werkchen erteilt, wie man sieht, bemerkenswerte Aufschlüsse über Andrelinis Familienverhältnisse wie über seine Beziehungen zu Papst Julius II und dem Kardinal Georg von Am-
boise. Wir lernen einen Bruder, Andreas, kennen, und erfahren
von einem durch den König und den Kardinal unterstützten Bitt-
gesuche unseres Dichters an den Papst zu Gunsten seines alten,
kränklichen, wie es scheint, dem geistlichen Stande angehörigen
Bruders. — Von solchen Beziehungen Andrelinis zu Papst Julius II
war bisher nichts bekannt. Was wir im Epithalamium erfahren,
ist um so wertvoller, als hierdurch auf die viel besprochene Frage
nach der Autorschaft des noch jüngst von Geiger dem Erasmus
zugeschriebenen anonymen satirischen Dialogs de obitu Julii II [1])
in unerwarteter Weise neues Licht fällt. Ohne mich auf eine
nähere Untersuchung dieser Frage hier einzulassen, da sie ausser-
halb des Rahmens meiner Aufgabe liegt, muss ich doch hervorheben, dass durch die hier aufgedeckten Beziehungen zwischen
Faustus und Papst Julius II die Urheberschaft des Faustus bedeu-
tend an Wahrscheinlichkeit gewonnen hat.

---

[1]) Erwähnt sei, dass die Mehrzahl der von Bœcking Opp. Hutten. IV 422—426
verzeichneten Ausgg. nach seinem Tode in den Besitz der Strassburger Universi-
täts-Bibliothek übergegangen ist, darunter auch die sehr seltene 1. Ausg. F(austi)
A(ndrelini) F(oroliuiensis) de obitu Julii Pontificis Maximi. Anno Dom. M.D. XIII.
16 ff. kl. 8⁰. — Eine neuere französische Uebersetzung des Dialogus erschien vor
einiger Zeit unter dem Titel: Julius Dialogue entre Saint Pierre et le Pape Jules
II à la porte du Paradis (1513). Attribué à Erasme, à Fausto Andrelini et plus com-
munément à Ulrich de Hutten. Traduction nouvelle par Edmond Thion Paris. 1875. 8⁰.

BEATO RHENANO ACADEMIAE
GERMANIAE ERECTORI.B.
DARDANVS PARMEN
SIS [1]).

Ad Rhenum de Beato Rhenano
B. Dardani Parmensis
Δεκάστιχον.

Hactenus e Rheni quisquis caput extulit vndis
Auersos Musis credidit Eridanus.
Scilicet ingenuas inuideant omnibus: arteis
Dum tantum bellis iactitat esse satos
Prodijt e sacro sed postquam Helicone Beatus,
Bellerophonteis pectora plenus aquis.
Ex illo tibi partus honos & gloria tanta est
Vt Padus euinctus det tibi Rhene manus
Quidquid priscorum peccauit inertia tandem
Rhenani vnius diluit ingenium.

---

[1]) Auf der Innenseite des vordern Einbanddeckels von Nr. 166.